AF283406

Factura digital. ADGG022PO

Yolanda López Benítez

ic editorial

Factura digital. ADGG022PO
© Yolanda López Benítez

1ª Edición

© IC Editorial, 2025

Editado por: IC Editorial
c/ Cueva de Viera, 2, Local 3
Centro Negocios CADI
29200 Antequera (Málaga)
Teléfono: 952 70 60 04
Fax: 952 84 55 03
Correo electrónico: iceditorial@iceditorial.com
Internet: www.iceditorial.com

ISBN: 978-84-1184-958-6
Depósito Legal: MA 1146-2025

Impresión: PODiPrint
Impreso en Andalucía – España

Nota de la editorial: IC Editorial pertenece a Innovación y Cualificación S. L.

Especialidad formativa

Se entiende por especialidad formativa la agrupación de contenidos, competencias profesionales y especificaciones técnicas que responde a un conjunto de actividades de trabajo enmarcadas en una fase del proceso de producción y con funciones afines.

Las especialidades formativas de Uso General, Formación Complementaria, Formación Modular y las especialidades formativas dirigidas a la obtención de certificados de profesionalidad se incluyen en el Fichero de Especialidades del Servicio Público de Empleo Estatal para su gestión en todo el territorio nacional por cualquier Administración competente.

Las especialidades complementarias, pertenecen todas a la Familia profesional de Formación Complementaria (FCO) y tienen la consideración de formación transversal en áreas que se consideran prioritarias tanto en el marco de la Estrategia Europea para el Empleo y del Sistema Nacional de Empleo como en las directrices establecidas por la Unión Europea. Se consideran áreas prioritarias las relativas a tecnologías de la información y la comunicación, la prevención de riesgos laborales, la sensibilización en medio ambiente, la promoción de la igualdad, la orientación profesional y aquellas otras que se establezcan por la Administración competente.

Las especialidades de Certificado de profesionalidad tienen una duración especificada en su normativa reguladora.

En el resultado de la búsqueda, se muestran las unidades de competencia, todos los módulos formativos con su duración y las unidades formativas del certificado correspondiente, con su duración. Las horas del certificado, exclusivo de las especialidades de certificado de profesionalidad, con alta igual o superior a 2008, son las horas totales más las horas del módulo de Prácticas Profesionales no Laborales.

⮞ **Si la especialidad tiene unidades formativas,** las horas totales, presencial, distancia, teleformación serán igual a la suma de esas horas de las unidades formativas de los distintos módulos, sin que se repita ninguna Unidad formativa.

◗ **Si la especialidad no tiene unidades formativas,** las horas totales, presencial, distancia, teleformación serán igual a las sumas de esas horas de los módulos formativos, eliminando las horas de los módulos repetidos.

https://sede.sepe.gob.es/especialidadesformativas/RXBuscadorEFRED/BusquedaEspecialidades.do

(Fuente: Servicio Público de Empleo Estatal)

Índice

Unidad de aprendizaje 5
Herramientas avanzadas

OBJETIVOS GENERALES

Los objetivos generales del **ADGG022PO. Factura digital** son los siguientes:

- ⇒ Proporcionar los conocimientos y habilidades necesarios para introducir la facturación electrónica en el ámbito de la organización, de cara tanto al proceso de emisión como al de recepción, y su integración en los sistemas contables.
- ⇒ Acceder con facilidad a los elementos básicos para abordar la implementación de la factura digital en una empresa, negocio o cualquier actividad profesional, conociendo las obligaciones de las partes que intervienen en el proceso de facturación.
- ⇒ Identificar el marco normativo de la factura electrónica como aspecto clave para que el empresario o autónomo disponga de total transparencia para afrontar con determinación el correcto proceso de implantación de la factura digital en su actividad comercial, y sepa la importancia de gestionarlo cabalmente y rodearse de proveedores que cumplan igualmente con la normativa.
- ⇒ Conocer los tipos de archivos electrónicos con los que es posible generar una factura digital, y distinguir los dos grandes grupos de formatos de factura electrónica que hacen posible la operativa de facturación digital de una actividad económica.
- ⇒ Reconocer algún programa específico de facturación telemática que, además, permita generar facturas electrónicas dirigidas a la Administración pública.
- ⇒ Identificar los campos obligatorios que deben estar reflejados en una factura digital para que esta tenga total validez legal.
- ⇒ Garantizar el aprendizaje de la gestión básica de facturación electrónica por medio del programa *Facturae*. Aprender a manejar el programa desde la creación de la factura y la cumplimentación de los campos informativos con la posterior generación del fichero. Gestionar el envío telemático de la factura y también el proceso de recepción de la misma, además de otras funcionalidades entre las que están la generación del libro de IVA.
- ⇒ Conocer la normativa de facturación electrónica relacionada con las obligaciones de conservación y almacenaje de las facturas, tanto telemáticas como de papel, a fin de no incumplir lo estipulado por la ley en cuanto a las obligaciones de los expedidores y receptores de facturas en este aspecto.

Introducción

Contenido

1. Introducción
2. Factura electrónica y firma digital
3. Obligaciones de las partes
4. Anexo. Obtención de certificados digitales FNMT
5. Resumen

Objetivos

El objetivo general de esta Unidad de Aprendizaje es:

→ Acceder con facilidad a los elementos básicos para abordar la implementación de la factura digital en una empresa, negocio o cualquier actividad profesional, conociendo las obligaciones de las partes que intervienen en el proceso de facturación.

Los objetivos específicos de esta Unidad de Aprendizaje son:

→ Conocer la factura digital y sus características a fin de asegurar su validez.

→ Saber cuáles son las obligaciones legales tanto del emisor como del receptor de la factura digital.

→ Identificar el tipo de firma digital válido para asegurar la autenticidad e integridad de la factura electrónica.

→ Ser capaz de obtener el certificado digital a través del FNMT, como elemento imprescindible para facturar electrónicamente.

1. Introducción

En la actualidad, las tramitaciones *online* están cobrando un gran protagonismo en las relaciones profesionales y empresariales, incluso las instituciones públicas están obligando a la ciudadanía a que determinados trámites se realicen exclusivamente desde la plataforma de internet.

Por ello, y en lo que respecta a los procesos de facturación de las empresas y de los profesionales, la transformación digital y los beneficios que reporta, hay razones más que suficientes para introducirse sin excusas en los procesos de facturación a través de medios telemáticos.

Sin embargo, todo ello supone un pequeño esfuerzo para conocer y estar al tanto no solo del proceso de facturación digital, sino también de las obligaciones que tienen que asumir las partes implicadas y que no haya malinterpretaciones, ofreciendo garantías en las exigencias transaccionales.

Para el desarrollo del contenido, nos basaremos en el caso de Beltrán, un joven profesor que no hace mucho decidió emprender abriendo la primera escuela para adultos en el aprendizaje de las nuevas tecnologías.

2. Factura electrónica y firma digital

 **HILO CONDUCTOR**

Como cada día, Beltrán inicia su jornada laboral acudiendo a su centro de trabajo. Este joven es gerente y profesor de una escuela de adultos con cierto aire innovador, cuya pretensión principal es la de proporcionar recursos intelectivos a la ciudadanía, abordando cuestiones tecnológicas.

Beltrán pretende colaborar con la sociedad a través de la educación de adultos, y asegurarse que este colectivo de cierta edad no quede al margen de los cambios actuales y venideros impulsados por la transformación digital. Sin embargo, y como suele ocurrir en estos casos, Beltrán está tan volcado en esta ilusionante actividad, que no ha tratado hasta el momento implementar en su negocio aspectos tan básicos como la facturación digital.

Continúa en página siguiente >>

<< Viene de página anterior

Beltrán aprovecha unos días de vacaciones para indagar sobre estas cuestiones, ya que no quiere dejar pasar más tiempo para por fin facturar telemáticamente, pues, aunque es un procedimiento interno de su empresa, es mucho más acorde y coherente a la filosofía de su negocio.

Para comenzar, está bien aclarar que en el recorrido de este encuentro formativo te toparás con diversos términos análogos que expresan el mismo significado y que están relacionados con la **factura electrónica.**

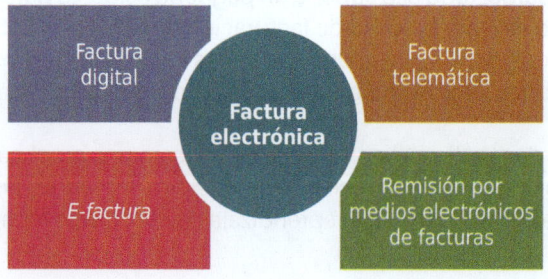

 ## DEFINICIÓN

Factura electrónica

Es un documento de carácter tributario generado por medios telemáticos en formato electrónico que cumple con la normativa establecida en la Ley 18/2022 de Creación y Crecimiento de Empresas, que obliga a las empresas y autónomos a implementar la facturación electrónica en sus operaciones B2B en los plazos establecidos por su volumen de operaciones.

Como sabrás, la factura, ya sea en formato físico o electrónico, es un elemento que sirve a las empresas, comercios o profesionales autónomos como justificante a efectos legales de haber entregado productos o realizado alguna prestación de servicios a sus clientes.

Un negocio tiene la obligación de emitir una factura siempre que realice una operación comercial.

NOTA

El comprador, por otra parte, obtiene una garantía al disponer de la factura del producto o servicio adquirido, ya que sirve de comprobante y a efectos legales le confiere derechos de cara a exigir responsabilidades a su emisor.

Aunque la funcionalidad de una factura digital es la misma que una en papel, con el añadido de contar con una serie de ventajas que dotan de agilidad a la actividad comercial, es cierto que muchos profesionales aún no terminan de implementar este sistema telemático de facturación por considerar este proceso un cambio de procedimiento radical que puede afectar a la operativa tradicional con que vienen funcionando.

Una factura electrónica debe entenderse como la versión digital de la tradicional factura en papel sin más complejidades que la de conocer el proceso de emisión o recepción y los requerimientos, junto con las obligaciones de las partes implicadas.

CONSEJO

Aunque la operativa tradicional de facturación esté normalizada y no genere ningún desencuentro en la actividad diaria, es aconsejable plantearse cuanto antes la fórmula digital por los grandes beneficios que reporta al negocio este sistema telemático de facturación: ahorro de costes y tiempo de gestión, automatización contable y administrativa, aumento de la eficiencia por la rapidez en los procesos, aseguramiento documental, ahorro de espacios físicos, sostenibilidad, etc.

Una factura digital contiene entre otras cosas, datos de carácter personal (NIF, cuenta bancaria, dirección, etc.). Para que la facturación electrónica sea un procesamiento telemático de datos seguros, deberás cumplir con los **principios de protección de la seguridad de la información.**

Aunque estas atribuciones suelen venir ya aseguradas en los programas informáticos específicos de facturación electrónica, es importante que conozcas cuáles son estos principios que garantizan que el procedimiento de emisión y recepción de factura electrónica sea seguro.

¿Te apetece conocer estos principios y también las garantías que ofrecen?

Confidencialidad	Integridad	Disponibilidad
- La confidencialidad persigue evitar la circulación de información no autorizada como puede ser el caso de los datos de una factura electrónica. Persigue que únicamente sea el destinatario el que pueda acceder a esa información.	- La integridad persigue evitar que la información que contiene el documento electrónico sea modificada, cambiada o perturbada sin autorización. Garantiza que, una vez creada la factura y esta es emitida, no podrá ser manipulada.	- La disponibilidad persigue que la accesibilidad a la información por parte de elementos autorizados sea fluida y sin obstáculos. Garantiza que será el receptor de la factura el que podrá disponer de ella.

 **CONSEJO**

Hacer uso de programas informáticos específicos creados para generar, emitir y recepcionar facturas electrónicas implica que la empresa o el autónomo cuente con unas políticas activas de seguridad, cuyo objetivo sea garantizar el uso y el tratamiento adecuado de la información y de los programas que utilizan para transmitirla. No olvides que una factura contiene información sensible, sujeta al tratamiento de carácter personal.

- -

Conociendo ya los principios de protección de la seguridad de la información, puede que te preguntes qué mecanismo contempla el proceso de facturación electrónica para poder garantizar tanto la **integridad del contenido** como la **autenticación en origen,** ya que es una habitual pero mala praxis, por ejemplo, enviar la factura por *e-mail* en cualquier tipo de formato electrónico (JPG, PDF, etc.) sin que estos cuenten con protección o estén firmados electrónicamente con la **firma digital** correcta.

Autenticidad en origen	Integridad del contenido
- Es una maniobra informática de seguridad, mediante la cual es posible asegurar en el envío telemático de información o documentos que la persona ya sea física o jurídica que firma el documento (factura electrónica) es quien dice ser.	- Es el resultado de dotar de protección y seguridad al documento firmado electrónicamente, permaneciendo este íntegro e inalterable y no pudiendo ser manipulable posteriormente.

 **DEFINICIÓN**

Firma digital
Es un procesamiento electrónico de datos que, ligado a un documento digital, da como resultado la firma electrónica del mismo. Cuenta con eficacia jurídica y presta servicios de verificación.

- -

IMPORTANTE

No poder garantizar en el envío de una factura electrónica la autenticación y la integridad del documento no es una buena práctica. Esta es totalmente desaconsejable y solo estará permitida si el destinatario lo autoriza por escrito, siempre y cuando quede identificado el correo electrónico que servirá de transmisor.

Otra forma segura es hacerlo mediante el envío telemático de facturas con la firma electrónica adecuada.

Hasta aquí podrás concluir que la manera de garantizar que el proceso de facturación sea seguro es mediante una firma digital que asegure la inalterabilidad del documento electrónico, y además sea capaz de posibilitar el acceso al contenido del documento a cualquier figura autorizada para ello (receptor de la factura o autoridad legal).

Dicho esto, es posible que te preguntes: **¿qué tipo de firma digital ofrece estas garantías extras? ¿Cuántos tipos de firma digital existen?**

Para resolver estas dudas, comenzarás conociendo una clasificación de las diferentes firmas digitales. Presta atención a la información que proporciona la siguiente clasificación y posteriormente avanza para aclarar algunos términos aquí expresados.

FIRMA BÁSICA
- Identifica al firmante

FIRMA AVANZADA
- Identifica al firmante
- Verifica la integridad del documento firmado
- Garantiza el no repudio
- Participa un tercero de confianza

FIRMA RECONOCIDA
- Identifica al firmante
- Verifica la integridad del documento firmado
- Garantiza el no repudio
- Participa un tercero de confianza
- Basada en un certificado electrónico reconocido
- Generada con un dispositivo seguro para la creación de firma

IMPORTANTE

Es posible enviar y validar una factura telemáticamente a través de una firma electrónica. Sin embargo, debe cumplir con algunas exigencias o requisitos. Por su importancia, y dado que es la fórmula más habitual para que los iniciados comiencen a facturar digitalmente, a continuación profundizarás en este aspecto.

Aunque la gran mayoría de los autónomos o pymes que comienzan a facturar electrónicamente deciden hacerlo utilizando la firma electrónica antes de decidirse a implantar algún sistema integral de servicios de telecomunicaciones (programas informáticos especializados), es cierto que muchos de ellos no terminan de comprender qué es exactamente la firma digital y cuál de ellas es la que realmente cuenta con eficacia jurídica y presta servicios de verificación.

La firma digital, en cuanto a la facturación telemática, tiene una triple funcionalidad:

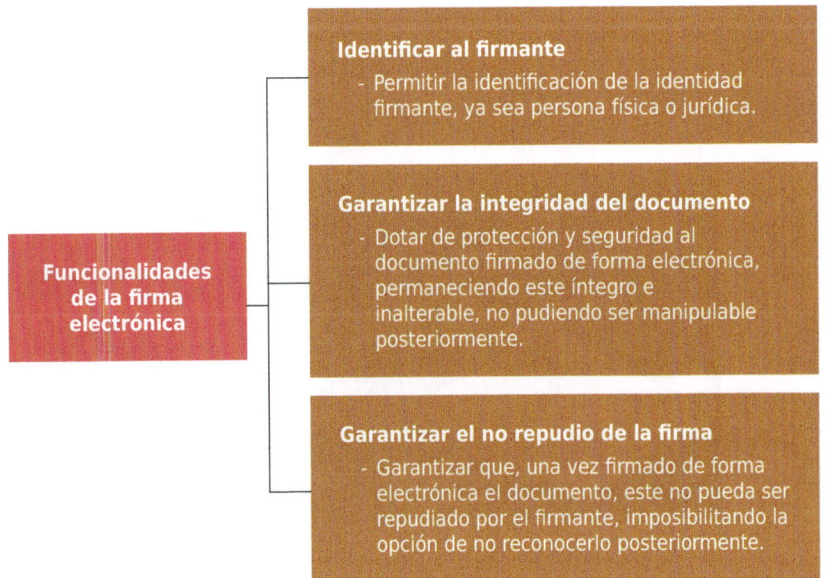

Funcionalidades de la firma electrónica

Identificar al firmante
- Permitir la identificación de la identidad firmante, ya sea persona física o jurídica.

Garantizar la integridad del documento
- Dotar de protección y seguridad al documento firmado de forma electrónica, permaneciendo este íntegro e inalterable, no pudiendo ser manipulable posteriormente.

Garantizar el no repudio de la firma
- Garantizar que, una vez firmado de forma electrónica el documento, este no pueda ser repudiado por el firmante, imposibilitando la opción de no reconocerlo posteriormente.

IMPORTANTE

La manera de conseguir la autenticación en origen y la integridad del documento en la factura telemática validada por un tercero es mediante la firma electrónica reconocida, ya que está soportada bajo un certificado electrónico reconocido emitido por una entidad de certificación.

NOTA

La fórmula de autenticación de la factura mediante la firma electrónica no es obligatoria desde el año 2013.

Desde hace unos años, la normativa ya no exige que la autenticación de la factura sea mediante firma digital, ya que desde entonces se permitió que todo este proceso se garantizara mediante programas informáticos configurados para ello. Sin embargo, el reglamento de facturación admite validar una factura electrónica, siempre que esta haya sido generada con una **firma electrónica reconocida**.

FIRMA ELECTRÓNICA RECONOCIDA

- La firma electrónica reconocida es similar a la firma avanzada, pero con la diferencia de que está soportada por un certificado electrónico reconocido. Además, ha sido generada con total seguridad por un dispositivo de creación de firma. De cara a la ley, tiene eficacia jurídica y también la misma validez que la firma manuscrita con la diferencia de que no puede ser falsificada.

NOTA

Profundizarás en cómo obtener una firma electrónica avanzada algo más adelante.

3. Obligaciones de las partes

☞ HILO CONDUCTOR

Además de conocer las cuestiones básicas de la facturación digital, Beltrán necesita comprender los aspectos regulados en la ley, donde se expresan las obligaciones y responsabilidades que tendrá que asumir por el simple hecho de generar o recibir una factura digital. No quiere cometer ningún error que pueda evitar fácilmente, pues hasta ahora nunca tuvo ninguna incidencia fiscal.

Con la intención de que puedas llevar cabo un correcto proceso de facturación electrónica, es imprescindible que conozcas de antemano cuáles son las **obligaciones de las partes implicadas;** solo así podrás evitar conflictos con tus clientes o con la Agencia Tributaria.

Partes implicadas en la factura digital
- En el proceso de facturación entran en el juego dos figuras necesarias: el expedidor de la factura y el receptor de la misma. Ambas personas físicas o jurídicas tienen obligaciones que están establecidas en el Reglamento de Facturación Electrónica.

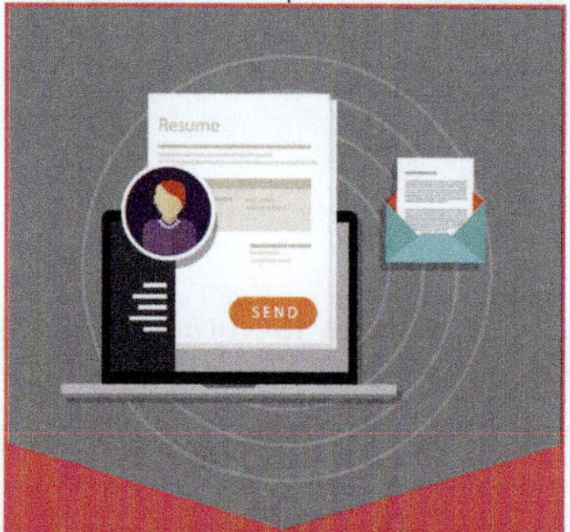

Expedidor
- El expedidor de la factura digital es la figura que emite el documento electrónico. Tiene unas obligaciones concretas establecidas en el reglamento por el simple hecho de iniciar la generación de la factura electrónica.

Receptor
- El receptor de la factura digital es la figura que recibe el documento electrónico. Tiene unas obligaciones diferentes también recogidas en el reglamento por el simple hecho de ser el destinatario de la factura electrónica.

Indiscutiblemente, la factura digital y la tradicional en papel tienen la misma validez. Ambos tipos deben contener unos datos obligatorios:

| Número de factura | Descripción del producto o servicio | Fecha expedición, etc. |

Pero, además, la factura digital debe cumplir con una serie de requisitos añadidos muy relacionados con el formato electrónico en el que se representa.

Avanza en el contenido y conocerás de qué se trata.

NOTA

Son muchos más los datos que deben estar especificados en una factura electrónica; no te preocupes por conocerlos ahora, porque tratarás todos ellos en unidades posteriores.

Tal y como se te indicó anteriormente, la factura digital es un documento electrónico que no necesariamente tiene por qué estar firmado de forma digital. Pero, **¿qué pasa con la práctica habitual de enviar un correo electrónico sin más al destinatario de la factura con un archivo PDF generado por el método tradicional? ¿Cumpliría esto con la normativa?**

Recuerda que esto será posible siempre y cuando se den varias circunstancias:

> Tendrá que existir una utilización expresa del receptor confirmando que está conforme con este método.

> Tendrá que haber sido informado al receptor del *e-mail* corporativo a través del cual recibirá la factura.

> El emisor deberá garantizar y asegurar la información contenida en el archivo y que este pueda ser accesible por el destinatario autorizado.

CONSEJO

Es posible, por tanto, enviar y recibir facturas por correo electrónico siempre que no se incumpla el requisito de la autorización. De ser así supondría para el emisor sanciones que oscilan entre el 1 % y el 20 % del importe facturado.

Si bien emitir una factura digital es un procedimiento realmente sencillo, es cierto que implementar la facturación digital puede suponer para muchos negocios o autónomos un pequeño quebradero de cabeza inicial.

Con idea de facilitar el correcto funcionamiento y garantizar que se efectúen los cobros en el plazo estimado, es posible resumir las obligaciones que deberá adjudicarse el emisor antes incluso de iniciar el proceso de generación del documento electrónico.

Obligaciones del expedidor

El expedidor o emisor de una factura digital deberá cumplir con los siguientes requisitos:
- Contar con el consentimiento de la otra parte (receptor de la factura). Para ello, el destinatario del documento electrónico deberá manifestarlo explícitamente.
- El emisor deberá generar la factura digital a través de un programa informático a través del cual le será exigido que rellene unos campos obligatorios definidos también en la normativa de facturación.
- La factura electrónica deberá estar firmada mediante firma electrónica reconocida, siendo esta un tipo de firma con unos niveles de seguridad específicos.
- La factura electrónica deberá ser contabilizada y anotada en registros de IVA.
- Cada factura emitida debe ser conservada (archivos electrónicos generados) durante el periodo prescrito en la regulación.
- La factura digital generada deberá garantizar su accesibilidad íntegra:
  - Permitirá su visualizado.
  - Admitirá búsqueda selectiva.
  - Admitirá copia, descarga e impresión.

 CONSEJO

La ley admite que puedas contratar a un tercero que se encargue de las obligaciones y el acatamiento de la norma, pero recuerda que siempre serás tú el responsable de cumplir con el objeto tributario.

Igualmente, y como se ha afirmado con anterioridad, el receptor es la otra pata del proceso de facturación telemática y también tiene sus responsabilidades dentro del procedimiento de facturación. En esta ocasión, tendrás la oportunidad de conocer las obligaciones del destinatario. Toma nota de ello porque en cualquier momento puedes ser tú quien reciba una factura digital.

Obligaciones legales para los destinatarios de facturas electrónicas

- Verificar que la factura contempla los requisitos mínimos de contenidos establecidos en la ley

- Verificar que la factura cumple con las garantías de seguridad de la información

 **RECUERDA**

La autenticidad en origen y la integridad del contenido de una factura enviada telemáticamente queda totalmente garantizada con la firma electrónica reconocida y con la verificación de un tercero.

Igualmente, el destinatario de la factura electrónica deberá conservarla. Sin embargo, existen algunas diferencias con respecto al emisor:

El emisor conservará la factura a través de su matriz, que engloba el conjunto de información y datos de la factura (base de datos, tablas, programa utilizado, etc.).

El receptor conservará la factura tal y como la recibe en su formato original, pero igualmente velando por garantizar la legibilidad de los datos que contiene, así como información adicional de la firma o mecanismos de verificación.

NOTA

Del mismo modo, el receptor de la factura deberá hacer uso de un programa adecuado para validar la factura y comprobar que todo es correcto.

APLICACIÓN PRÁCTICA

Una de las condiciones que a Martín le ha impuesto un cliente para comenzar con la relación comercial es que las facturaciones deben ser telemáticas.

El cliente de Martín sufrió una incidencia relacionada con las facturas físicas y que le hizo perder tiempo y dinero, ya que su empresa se vio involucrada en una supuesta estafa por parte de un empleado quien no dudó en manipular las facturas.

¿Podías explicar a Martín qué elemento de seguridad conlleva la factura digital que hubiera impedido esta manipulación?

Solución

La factura digital firmada electrónicamente con la firma electrónica reconocida imposibilita el acceso al documento y la modificación del mismo durante el

Continúa en página siguiente >>

<< Viene de página anterior

proceso del envío y recepción, mientras que un correo electrónico dirigido directamente al receptor y que tiene incorporado un archivo adjunto no firmado electrónicamente puede ser interceptado por cualquier usuario con ciertos conocimientos informáticos, no ofreciendo la seguridad documental. Además, en este último caso, en ningún momento el emisor recibiría notificación alguna de este cambio.

4. Anexo. Obtención de certificados digitales FNMT

☞ HILO CONDUCTOR

Beltrán ya tiene muy claro cómo ha de proceder tanto si él es el emisor de la factura electrónica como si, por el contrario, es la figura receptora. Sin embargo, aún no le queda claro cómo puede acceder a tener su propia firma electrónica y qué pasos seguir para que esta sea la firma que ofrezca los requerimientos de seguridad exigidos para la facturación digital.

Tal y como pudiste comprobar en epígrafes anteriores, la firma electrónica reconocida es la que ofrece el mayor nivel de seguridad.

Esta firma electrónica, además de tener validez legal y ser muy segura, cuenta con unas características específicas, por las que recibe el nombre de "reconocida".

> - Es necesario disponer de un **certificado cualificado de firma electrónica** cuyo propietario debe ser el expedidor de la factura por ser el sujeto de objeto tributario.

NOTA

También es posible que un tercero actúe en nombre del emisor o el destinatario de una factura, pero siempre deberá ser el certificado propiedad del emisor con el que firmará la factura.

La firma electrónica reconocida está soportada por este **certificado electrónico reconocido** que previamente deberá ser solicitado a un prestador de servicios de certificación, para posteriormente ser descargado en el ordenador o dispositivo desde donde se firmarán las facturas electrónicas para su emisión.

- La **Fábrica Nacional de Moneda y Timbre-Real Casa de la Moneda (FNMT-RCM)** lidera una iniciativa para establecer a CERES como una entidad pública de certificación que permita autentificar y garantizar la confidencialidad de las comunicaciones entre ciudadanos, empresas u otras instituciones y administraciones públicas a través de las redes abiertas de comunicación.

NOTA

La Ley 6/2020 regula los certificados digitales y la firma electrónica como base para la autenticidad y seguridad de los documentos electrónicos, alineándose con el Reglamento Europeo 910/2014 (eIDAS).

 **DEFINICIÓN**

Certificado electrónico reconocido

Es un archivo informático creado y firmado electrónicamente por una entidad certificadora o prestador de servicios de certificación, y que permite a su titular o depositario validar su identificación inequívoca a través de claves de seguridad.

La entidad prestadora de servicios de certificación participará como un tercero que vela y garantiza el cumplimiento relativo a la seguridad de los documentos firmados en cuanto a:

Identifica al firmante	Verifica la **integridad** del documento firmado electrónicamente	Garantiza el **no repudio**

 ACTIVIDAD COMPLEMENTARIA

1. En función de lo que has podido conocer sobre los certificados electrónicos reconocidos, ¿podrías identificar algún tipo de certificado muy conocido y que responde a las características de seguridad vistas?

El titular del certificado electrónico corresponderá a la persona que firma la factura. En caso de ser autónomo, será una persona física, y para el caso de una empresa será la persona jurídica, debiéndose aportar la documentación propia a tenor de estas diferencias.

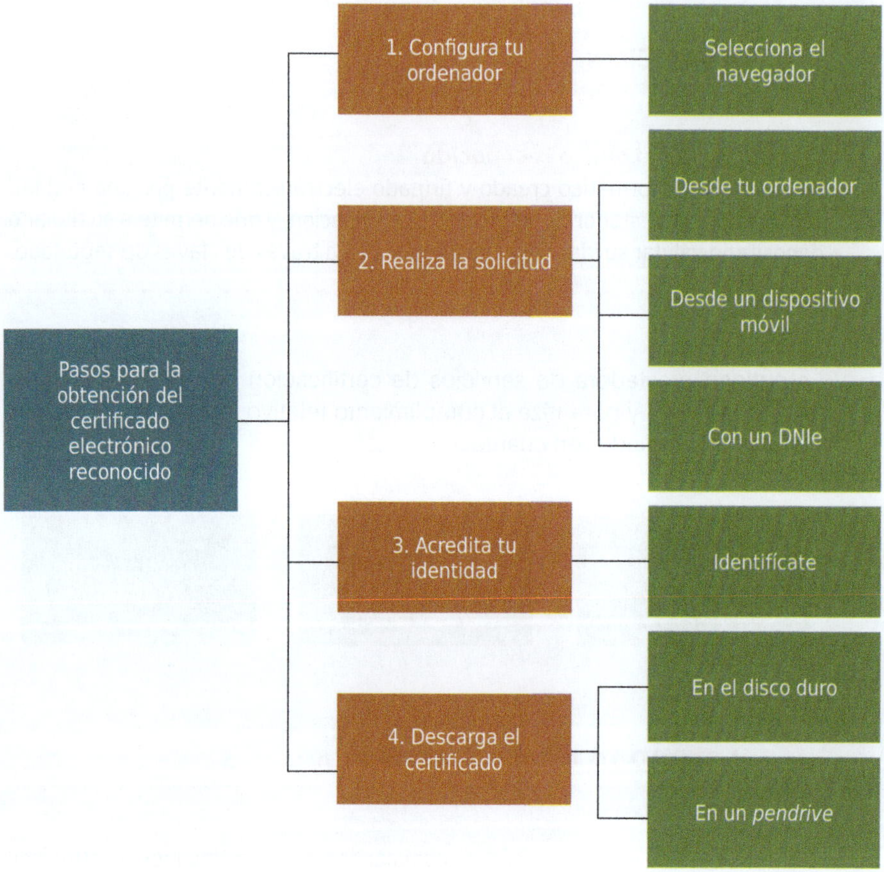

1. Configura tu ordenador	Selecciona el navegador
2. Realiza la solicitud	Desde tu ordenador
	Desde un dispositivo móvil
	Con un DNIe
3. Acredita tu identidad	Identifícate
4. Descarga el certificado	En el disco duro
	En un *pendrive*

Pasos para la obtención del certificado electrónico reconocido

TAREA 1

El pequeño supermercado que regenta María ha recibido por primera vez una factura electrónica correspondiente a un nuevo distribuidor que le ha suministrado productos de una marca ecológica. María anda algo desconcertada cuando, tras abrir el archivo que viene adjuntado en el correo electrónico, observa que se trata de una factura de otro cliente y que nada tiene que ver con la relación comercial adquirida.

Con estos datos identifica las obligaciones legales tanto del emisor como del receptor para la facturación electrónica.

5. Resumen

La **factura digital** (telemática, electrónica, *e-factura*, etc.), como documento de carácter tributario que ha sido generado por medios telemáticos en un formato electrónico, es el equivalente a la factura en papel pero con unas atribuciones de seguridad que aportan garantías al documento y al procedimiento de facturación, siempre que cuenten con la protección de la **firma digital** correcta.

Tanto el emisor como el receptor de facturas electrónicas deben cumplir con unas obligaciones establecidas por normativa:

Obligaciones del emisor
- Obtener el consentimento informado del destinatario
- Disponer de un *software* homologado o firma electrónica reconocida
- Envío telemático
- Contabilización de las facturas
- Conservación de las facturas
- Garantías de accesibilidad

Obligaciones del receptor
- Verificar que la factura contempla los requisitos mínimos de contenidos establecidos en la ley
- Verificar que la factura cumple con las garantías de seguridad de la información
- Disponer del programa de facturación
- Conservar las facturas

La firma digital puede ser de tres tipos:

Es esta última, la **firma electrónica reconocida,** la que está basada en un **certificado electrónico reconocido** y generada con un dispositivo seguro para la creación de la firma que permite asegurar la autenticación en origen con la identificación del firmante de la factura electrónica, la integridad del contenido de esta para que no pueda ser alterada y el no repudio del emisor de la factura.

Para solicitar el certificado electrónico reconocido hay que dirigirse al prestador de servicios de certificación aceptado por la **Fábrica Nacional de Moneda y Timbre-Real Casa de la Moneda (FNMT-RCM).**

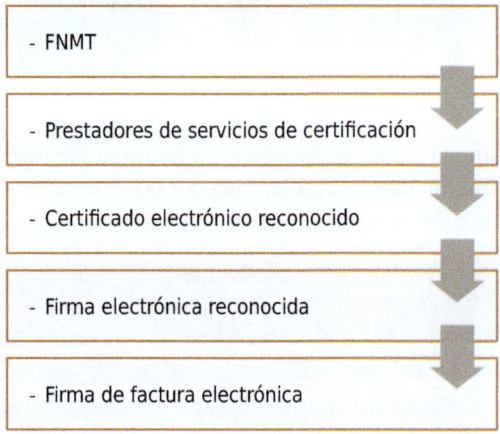

- FNMT

- Prestadores de servicios de certificación

- Certificado electrónico reconocido

- Firma electrónica reconocida

- Firma de factura electrónica

Ejercicios de autoevaluación
Unidad de Aprendizaje 1

1. Indica si las siguientes afirmaciones son verdaderas o falsas:

a. En la actualidad, las tramitaciones *online* están cobrando un gran protagonismo en las relaciones profesionales y empresariales, incluso las instituciones públicas están obligando a la ciudadanía a que determinados trámites se realicen exclusivamente desde la plataforma de internet.

- Verdadero
- Falso

b. La factura electrónica es la versión digital de la factura en papel, por lo que está expedida y es recibida mediante un formato electrónico.

- Verdadero
- Falso

c. Los conceptos factura electrónica y factura digital son similares, pero en su descripción existen algunas diferencias.

- Verdadero
- Falso

2. La factura electrónica...

a. ... es similar a la factura en papel, pero no tiene el mismo valor tributario.
b. ... es similar a la factura en papel y tiene el mismo carácter tributario con la diferencia de haber sido generado por medios telemáticos en un formato electrónico.
c. ... tiene las mismas funcionalidades que la factura en papel y, aunque haya sido generada por medios telemáticos, siempre hay que guardar una copia en papel.
d. Todas las opciones son incorrectas.

3. Los principios de la seguridad de la información son:

a. Confidencialidad, integridad y autenticidad.
b. Confidencialidad, integridad y claridad.
c. Confidencialidad, integridad y disponibilidad.
d. Todas las opciones son incorrectas.

4. El principio que persigue evitar que la información sea modificada, cambiada o perturbada sin autorización, se denomina:

a. Integridad.
b. Confidencialidad.
c. Autenticidad.
d. Claridad.

5. El principio de confidencialidad en la factura electrónica persigue...

a. ... evitar la circulación de información no autorizada. Únicamente permitirá obtener la información que contiene al receptor de la factura.
b. ... evitar que la información no sea modificada, cambiada o perturbada sin autorización. Garantiza que, una vez creada la factura y emitida, esta no podrá ser manipulada.
c. ... que la accesibilidad a la información por parte de elementos autorizados sea fluida y sin obstáculos. Garantiza que será el receptor de la factura el que podrá disponer de ella.
d. Todas las opciones son incorrectas.

6. La maniobra informática de seguridad, mediante la cual es posible asegurar en el envío telemático de información que la persona física o jurídica que firma el documento (factura electrónica) es quien dice ser, se denomina:

a. Autenticación.
b. Identificación.
c. Reconocimiento.
d. Todas las opciones son correctas.

7. La firma electrónica que identifica al firmante de una factura digital es:

    a. La firma electrónica básica.
    b. La firma electrónica avanzada.
    c. La firma electrónica reconocida.
    d. Todas las opciones son correctas.

8. La fórmula de autenticación de la factura mediante la firma electrónica no es obligatoria desde...

    a. ... el año 2013.
    b. ... el año 2015.
    c. ... el año 2010.
    d. ... el año 2012.

9. ¿Quién debe conservar la factura electrónica a través de la matriz (conjunto de datos que conforma la factura)?

    a. El receptor.
    b. El emisor.
    c. El emisor y receptor.
    d. No es necesario conservar la matriz de una factura electrónica.

10. ¿Qué organismo lideró la iniciativa de crear un ente público de certificación para autentificar y garantizar la confidencialidad de las comunicaciones entre ciudadanos, empresas u otras instituciones y administraciones públicas a través de las redes abiertas de comunicación?

    a. CERES.
    b. FNMT.
    c. RCM.
    d. Todas las opciones son incorrectas.

Legislación

Contenido

Objetivos

El objetivo general de esta Unidad de Aprendizaje es:

→ Identificar el marco normativo de la factura electrónica como aspecto clave para que el empresario o autónomo disponga de total transparencia para afrontar con determinación el correcto proceso de implantación de la factura digital en su actividad comercial, y sepa la importancia de gestionarlo cabalmente y rodearse de proveedores que cumplan igualmente con la normativa.

El objetivo específico de esta Unidad de Aprendizaje es:

→ Reconocer el marco legal que regula la factura electrónica.

1. Introducción

Son muchos los beneficios que reporta para la actividad comercial de un negocio poder realizar la facturación electrónica y disponer con mayor agilidad del justificante de entrega de bienes o la prestación de servicios, tanto para quien la expide como para quien la recibe.

Todo este entramado implica una serie de obligaciones y responsabilidades más allá de la facturación tradicional, que deben ser tenidas muy en cuenta. Además, a todo esto hay que añadir que la globalización ha traído consigo que los negocios traspasen fronteras, debiendo ser incorporados nuevos sistemas más rápidos y seguros para llevar a buen término todas estas relaciones comerciales.

En definitiva, la facturación digital es un obligado paso si la empresa quiere contar con elementos sólidos que le permitan sobrevivir en este nuevo paradigma económico. Del mismo modo, las administraciones públicas tienen un papel relevante, ya que ellas también participan activamente no solo en la actividad económica de un país, sino en el fomento de este nuevo sistema de facturación.

Para el desarrollo del contenido, nos seguiremos basando en el caso de Beltrán, un joven profesor que decidió emprender poniendo en marcha su propia escuela de adultos, y que no escatima en aprender cómo es la fórmula para emitir y recibir facturas *online*.

2. Firma electrónica. Ley 6/2020

 HILO CONDUCTOR

Aunque está muy bien conocer la base sobre la que se fundamenta la facturación electrónica, Beltrán ya tuvo la gran experiencia de toparse con algunas dificultades cuando decidió solicitar licencias y permisos para abrir su centro de trabajo. Por este motivo, y ahora que ha decidido dar un paso más para utilizar la factura digital, sabe que es importante conocer todos los detalles legales que la regulan y así evitar algún conflicto o alguna irregularidad.

En la anterior unidad quedó expresada la factura electrónica como la versión digital de la factura en papel. Esta afirmación no es fruto de ningún ingenio, sino que está soportada dentro de un marco legal.

La Ley 59/2003, de 19 de diciembre, de firma electrónica, fue derogada por la **Ley 6/2020** y la **Ley 18/2022.** La Ley 6/2020 dota de validez legal a la operatoria de facturación telemática respaldada con firma electrónica de larga duración (cualificada), consolidando la seguridad en los procesos digitales según el Reglamento eIDAS.

 PARA SABER MÁS

Puedes consultar la legislación citada en los siguientes enlaces:

Ley 6/2020, de 11 de noviembre, reguladora de determinados aspectos de los servicios electrónicos de confianza	Ley 18/2022, de 28 de septiembre, de creación y crecimiento de empresas

https://redirectoronline.com/adgg022po0200	*https://redirectoronline.com/adgg022po02001*

La firma electrónica de larga duración, queda recogida en la normativa, a través de tres conceptos que seguro que te sonarán y que son los siguientes, definidos de esta forma.

Firma electrónica de larga duración

- **Firma electrónica:** es el conjunto de datos en forma electrónica, consignados junto a otros o asociados con ellos, que pueden ser utilizados como medio de identificación del firmante.

- **Firma electrónica avanzada:** es la firma electrónica que permite identificar al firmante y detectar cualquier cambio ulterior de los datos firmados, que está vinculada al firmante de manera única y a los datos a que se refiere y que ha sido creada por medios que el firmante puede mantener bajo su exclusivo control.

- **Firma electrónica reconocida:** es la firma electrónica avanzada basada en un certificado reconocido y generada mediante un dispositivo seguro de creación de firma.

Vistas de nuevo las diferencias entre los tres tipos de firmas electrónicas, y teniendo bien aclarado que la normativa de la factura digital exige que la firma sea la reconocida, ahora toca comprender que, una vez recibido el documento, ha de comprobarse que el certificado que identifica al firmante de la factura es **válido** y además está **vigente.**

Pero antes presta atención a los tipos de certificado electrónicos que existen:

Tipos de certificados electrónicos
- Certificado FNMT de persona física.
- Certificado FNMT de representante.
- Certificado FNMT de empleado público y sello electrónico (Administración pública).
- Certificado FNMT de sello de entidad (AC componentes informáticos).
- DNI electrónico.

 APLICACIÓN PRÁCTICA

Carmen es funcionaria pública y tiene que visar cada día los expedientes que se presentan a través de la sede electrónica. Debe cotejar que las personas que aspiran a presentarse a una bolsa de trabajo cumplen con los requerimientos exigidos en esa convocatoria. ¿Con qué tipo de certificado electrónico tendrá que realizar esta tarea?

Continúa en página siguiente >>

<< Viene de página anterior

Solución

Con el certificado de firma electrónica del personal al servicio de la Administración pública, Carmen podrá visar cada expediente y, ante cualquier reclamación o inspección, podrá ser comprobada la identidad del firmante y, por ende, sus competencias en la Administración donde ejerce su labor diaria.

Para comprobar que un certificado es válido y que no está revocado, es posible realizar el trámite de verificación mediante un **sistema de validación.** Esta acción es muy importante, ya que, al recibir una factura, el receptor deberá confirmar que la firma es correcta y el certificado del emisor es válido; de no ser así no tendría el documento ninguna validez legal.

En unidades posteriores podrás comprobar la manera de validar una factura electrónica. Ahora, en la imagen siguiente, se te mostrará cómo comprobar el estado de tu certificado a través del cual podrás firmar tu próxima factura electrónica.

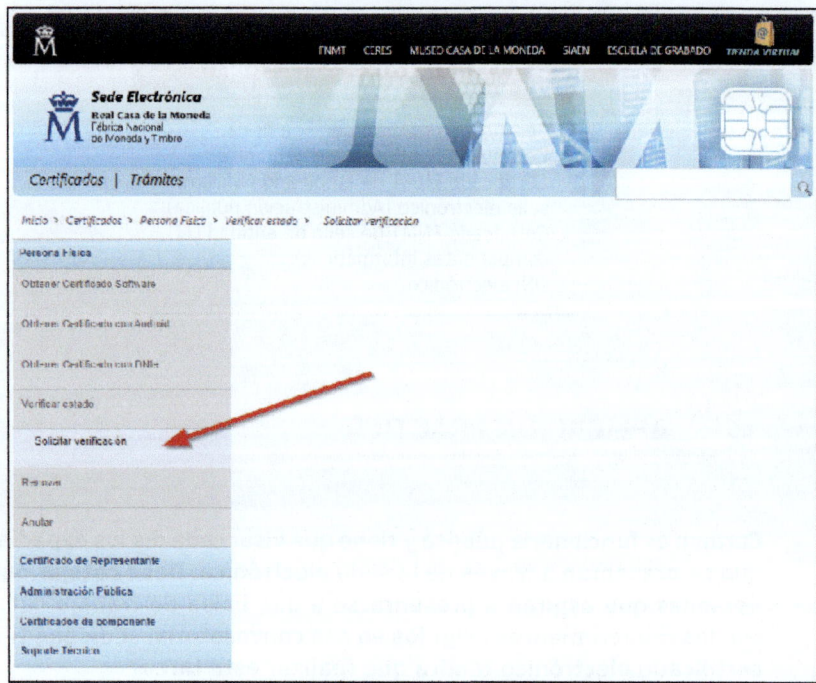

Acceso al sistema de verificación del estado del certificado electrónico de FNMT

Según el Real Decreto 1007/2023, empresas y autónomos deberán enviar sus facturas de forma inmediata a la Agencia Tributaria mediante sistemas homologados. VeriFactu surge como una solución gratuita y oficial para cumplir con esta obligación.

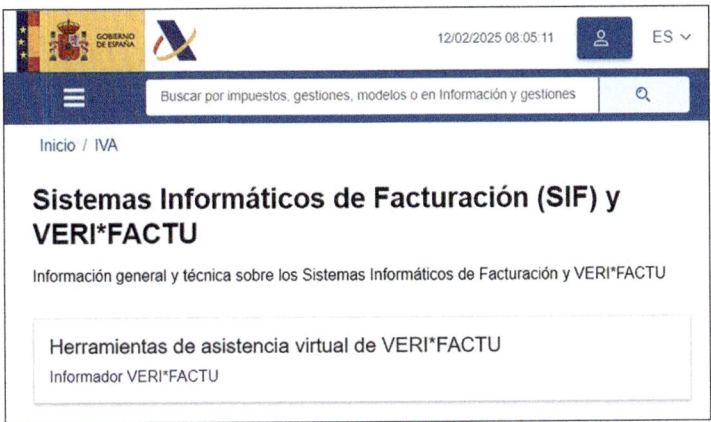

VeriFactu garantiza la validación, trazabilidad e inalterabilidad de las facturas electrónicas. Facilita su envío a la Agencia Tributaria y verifica automáticamente la firma y el certificado del emisor, evitando irregularidades que afecten su validez legal.

Las principales **funcionalidades de VeriFactu** son las siguientes:

1. **Remisión inmediata.** Permite el envío automático y en tiempo real de las facturas a la Agencia Tributaria, agilizando los trámites y garantizando el cumplimiento normativo.
2. **Verificación automática.** Comprueba la validez del certificado y la firma electrónica de cada factura recibida o emitida, asegurando que estas cumplen con los estándares legales.
3. **Trazabilidad.** Cada factura incluye un código QR que facilita el seguimiento y la validación por parte del receptor o de la administración.
4. **Ahorro de costes.** Diseñado especialmente para pymes y autónomos, VeriFactu es gratuito y fácil de usar, lo que elimina la necesidad de adquirir *software* adicional.

El uso de VeriFactu garantiza el cumplimiento normativo y previene sanciones al ofrecer un registro seguro y transparente de las transacciones. También, verifica automáticamente el certificado electrónico y la firma, asegurando su validez legal.

IMPORTANTE

Es importante recordar que la implementación de herramientas como VeriFactu será obligatoria para empresas con ingresos inferiores a 6 millones de euros a partir de 2026.

ACTIVIDAD COMPLEMENTARIA

2. Ya has visto que es posible comprobar el estado del certificado electrónico mediante un sistema de validación. Este sistema te proporcionará información sobre el certificado descargado en el ordenador u otro dispositivo, te indicará si está vigente y la fecha en la que finaliza este estado para su renovación y evitar tener que solicitar otro. Pero ¿qué ocurriría si la verificación de la firma de una factura electrónica se realiza en una fecha posterior cuando el certificado ya no es válido? ¿Qué seguridad tendrías de que en el momento de la firma todo estaba correcto?
Investiga en internet cómo podrías dar respuesta a la cuestión planteada.

PARA SABER MÁS

Si tienes interés por conocer alguna fórmula que permita que una firma pueda ser verificada a lo largo del tiempo con todas las garantías legales y de manera indefinida, no dejes de descargarte el siguiente documento que explica los diferentes formatos de firma que satisfacen esta necesidad:

https://redirectoronline.com/adgg022po0201

La facturación electrónica en España ha evolucionado significativamente, dejando atrás la Ley 59/2003, que regulaba la firma electrónica. Aunque sentó las bases iniciales, fue sustituida para alinearse con el marco normativo europeo y adaptarse a los avances tecnológicos actuales.

La Ley 6/2020, de 11 de noviembre regula los servicios electrónicos de confianza, garantizando seguridad jurídica en las transacciones digitales mediante la firma electrónica cualificada, conforme al Reglamento eIDAS (UE) 910/2014. Refuerza la validez legal de la facturación electrónica, asegurando su interoperabilidad y seguridad en toda la Unión Europea.

La Ley 18/2022, de 28 de septiembre, establece la obligatoriedad progresiva de la facturación electrónica en operaciones B2B, impulsando la digitalización empresarial. Regula plazos de implementación, sanciones por incumplimiento y requisitos técnicos que mejoran la trazabilidad y autenticidad de las facturas electrónicas.

Las normativas más recientes en España han reforzado la obligatoriedad y los requisitos técnicos en facturación electrónica, garantizando transparencia, trazabilidad y eficiencia en los procesos. Estas regulaciones complementan la Ley 6/2020 y la Ley 18/2022, incorporando medidas como el envío instantáneo de facturas a la Agencia Tributaria y el uso de sistemas informáticos avanzados. El Real Decreto 1007/2023 y la Orden HAC/1177/2024 desarrollan las obligaciones específicas, incluyendo herramientas gratuitas para pymes y autónomos, el uso obligatorio de códigos QR en facturas y requisitos estrictos en los sistemas de facturación como VeriFactu. Estas normativas buscan facilitar la transición digital de pequeñas empresas, prevenir el fraude fiscal y mejorar la gestión de datos tributarios.

3. Impulso de la sociedad de la información

 HILO CONDUCTOR

Beltrán ha ido comprobando que, por sí mismo, no era tan complicado introducirse en el mundo de la facturación digital y cree poder estar preparado para comprender el amplio marco jurídico que da impulso al uso de este método de facturación. No obstante, la normativa es bien amplia y no está de más extraer algunas conclusiones que le puedan facilitar una correcta gestión de la facturación digital.

Aunque el marco normativo de la facturación electrónica es realmente amplio, viéndose sometido a algunas modificaciones a lo largo del tiempo, es imprescindible que conozcas, por su importancia, la regulación que sirvió como **medida de impulso de la sociedad de la información.**

Ley 56/2007, de 28 de diciembre, de Medidas de Impulso de la Sociedad de la Información (LISI)

- Esta ley pretendió establecer una base sólida de relaciones entre empresa y clientes mediante certificados electrónicos, apoyada en la ya derogada Ley 59/2003, de 19 de diciembre, de firma electrónica. Destacan los siguientes aspectos:
  - Para la contratación de servicios y suministros y para la adquisición de bienes.
  - Para que la clientela de las empresas y negocios pueda acceder a un historial que permita la consulta de facturas al menos de los tres últimos años.
  - Para que la clientela pueda tener derecho a dar de altas incidencias y presentar quejas y reclamaciones *online*, pudiendo tener constancia en todo momento de las acciones ejercidas.
  - Para que la clientela pueda ejercer los derechos ARCOS (actualmente sustituidos por los nuevos derechos digitales regulados en la LOPDGDD).

Posteriormente a estas medidas iniciales de impulso, han sido y son muchas las iniciativas nacionales y europeas, tanto en el sector público como en el privado, que tratan de fomentar y homogeneizar la facturación electrónica en todos los ámbitos de actuación. Una de estas iniciativas más destacadas promovidas en España ha sido propulsar un sistema obligatorio de facturación electrónica en la Administración pública a través de la Ley 25/2013, de 27 de diciembre.

Otra medida de mayor alcance en España, donde definitivamente la facturación electrónica ha sido protagonista de esta nueva rebelión, ha sido la siguiente:

Ley 9/2017, de 8 de noviembre, de Contratos del Sector Público, por la que se transponen al ordenamiento jurídico español las Directivas del Parlamento Europeo y del Consejo 2014/23/UE y 2014/24/UE, de 26 de febrero de 2014

- Esta ley estableció la obligatoriedad de facturación electrónica para los subcontratistas de la Administración pública en todo el Estado español a partir del 1 de julio de 2018, y para todos aquellos importes superiores a los 5.000 €.

 IMPORTANTE

La Ley 25/2013, de 27 de diciembre, de impulso de la factura electrónica y creación de registro contable de facturas en el sector público constituyó el impulso definitivo para proceder electrónicamente los trámites de facturación en España para con las administraciones públicas y otros sectores importantes.

La implantación total de la Directiva Europea 2014/55/UE, del Parlamento Europeo y del Consejo, de 16 de abril de 2014, relativa a la facturación electrónica en la contratación pública, cuyo fin es unificar criterios de facturación a lo largo y extenso del territorio europeo, no solo tuvo impacto en las relaciones con la Administración pública, ya que se persigue que se establezcan también estos sistemas de facturación en otro tipo de relaciones comerciales:

 **NOTA**

La directiva europea trata de dar respuesta a la inoperatividad de diferentes normas dentro del marco europeo, la inexistencia de un marco legislativo común y la complejidad en la interoperabilidad y ausencia de garantías jurídicas fuera de las fronteras. El cumplimiento de la Agenda del 2020, ha tratado implementar definitivamente la factura electrónica en toda el área europea, hace posible la facturación electrónica a cualquier nivel, abordando con sencillez las complejas situaciones actuales. De cualquier modo, España marcó la obligatoriedad de facturación entre proveedores y Administración pública con la entrada en vigor de la Ley 25/2013, donde además también este requerimiento fue exigido para importantes sectores como banca, eléctricas, suministros de agua y gas, telecomunicaciones y agencias de viajes.

La Ley 6/2020 regula los servicios electrónicos de confianza, incluyendo la firma electrónica, que garantiza la autenticidad e integridad de las facturas electrónicas, adaptándose al Reglamento (UE) N.º 910/2014. La Ley 18/2022 establece los plazos obligatorios para la implantación de la facturación electrónica, diferenciando entre empresas con operaciones superiores o inferiores a 8.000.000 de euros anuales.

Desde la entrada en vigor de la Ley 18/2022, el uso de facturación electrónica es obligatorio para empresas según el reglamento aprobado, siendo progresivo dependiendo del volumen de operaciones.

Los cambios clave son:

⊃ **Eliminación del umbral mínimo de 5.000 euros.** Ahora, todas las empresas y autónomos están obligados a emitir facturas electrónicas en sus relaciones comerciales, sin importar el importe de la factura.
Los plazos de implementación son:

  ◔ Empresas con facturación superior a 8 millones de euros: 1 año desde la publicación del reglamento.
  ◔ Resto de empresas y autónomos: 2 años desde la publicación del reglamento.

Esta normativa amplía el ámbito de obligatoriedad, fomentando la digitalización de todas las transacciones y aumentando la transparencia en las relaciones comerciales.

SABÍAS QUE...

Las empresas y autónomos deben garantizar la conservación de las facturas electrónicas en un formato que permita su verificación durante el plazo legalmente exigido. Además, la Ley 18/2022 introduce sanciones para quienes incumplan la obligatoriedad de emitir facturas electrónicas en operaciones comerciales B2B.

TAREA 2

Próximamente Mateo va a poner en marcha su idea de emprendimiento a través del cual podrá ofrecer paquetes turísticos muy especializados. Aunque no tiene emplazamiento físico y su actividad la realizará *online*, necesita saber

Continúa en página siguiente >>

<< Viene de página anterior

qué marco jurídico debe atender para llevar a cabo una correcta gestión de la facturación. Sus clientes serán tanto particulares como instituciones públicas y no quiere cometer ningún error que pueda perjudicar el inicio de la actividad.

Basándote en estos datos, indícale a Mateo cuál es el marco legal de la factura electrónica en la que tendrá que prestar especial atención en función de su actividad, independientemente del sistema común del impuesto sobre el valor añadido, en lo que respecta a normativas de facturación.

4. Resumen

La Ley 6/2020 regula los servicios electrónicos de confianza, incluyendo la firma electrónica, que garantiza la autenticidad e integridad de las facturas electrónicas, adaptándose al Reglamento (UE) N.º 910/2014. Además, la Ley 18/2022 establece los plazos obligatorios para la implantación de la facturación electrónica, diferenciando entre empresas con operaciones superiores o inferiores a 8.000.000 de euros anuales.

La firma electrónica de larga duración, basada en un certificado reconocido y generada mediante un dispositivo seguro de creación de firma, con suficiente base para dotar legalmente a una factura digital, es la correspondiente a:

Firma electrónica reconocida

Existen varios certificados de firma electrónica a tenor de quien sea el firmante; un instrumento electrónico que identifica al responsable de la firma y que, además, permite comprobar su validez mediante un sistema de validación.

Tipos de certificados electrónicos
- Certificado FNMT de persona física.
- Certificado FNMT de representante.
- Certificado FNMT de empleado público y sello electrónico (Administración pública).
- Certificado FNMT de sello de entidad (AC componentes informáticos).
- DNI electrónico.

El marco normativo de la regulación de la factura electrónica es amplio. Sin embargo, fue la Ley 56/2007, de 28 de diciembre, de Medidas de Impulso de la Sociedad de la Información la que promovió iniciativas nacionales refrendadas con la entrada en vigor de la Ley 25/2013, de 27 de diciembre, de impulso de la factura electrónica y creación de registro contable.

Finalmente, la Directiva Europea 2014/55/UE, del Parlamento Europeo y del Consejo, de 16 de abril de 2014, relativa a la facturación electrónica en la contratación pública, trata de eliminar ciertas contrariedades o lagunas legales dentro del marco europeo, fomentando el uso de la factura digital mediante la homogeneización en todos los escenarios de facturación dentro del sistema europeo.

Ejercicios de autoevaluación
Unidad de Aprendizaje 2

1. Indica si las siguientes afirmaciones son verdaderas o falsas:

a. Son muchos los beneficios que reporta para la actividad comercial poder realizar la facturación electrónica y disponer con mayor agilidad del justificante de entrega de bienes o la prestación de servicios, tanto para quien la expide como para quien la recibe.

- Verdadero
- Falso

b. La facturación digital es un obligado paso si la empresa quiere contar con elementos sólidos que le permitan sobrevivir en este nuevo paradigma económico.

- Verdadero
- Falso

c. Las administraciones públicas no tienen un papel tan relevante como las empresas privadas para fomentar el uso de la factura electrónica, aunque ellas también participan activamente en la actividad económica de un país.

- Verdadero
- Falso

2. ¿Cuál es el marco normativo que regula actualmente los servicios electrónicos de confianza en España?

a. Ley 59/2003
b. Ley 6/2020
c. Ley 18/2022
d. Todas las opciones son incorrectas.

3. Las firmas electrónicas reconocidas son:

    a. La firma electrónica avanzada y la firma electrónica cualificada.
    b. La firma electrónica, la firma electrónica avanzada y la firma electrónica cualificada.
    c. La firma electrónica y la firma electrónica avanzada.
    d. La firma electrónica y la firma electrónica reconocida.

4. Los tipos de certificados de firma electrónica son:

    a. Certificados FNMT de persona física y de representante de persona jurídica.
    b. Certificados FNMT de empleado público y sello electrónico.
    c. Certificados de sello de entidad y DNI electrónico.
    d. Todas las opciones son correctas.

5. ¿Cuál es la ley que sirvió de impulso de la sociedad de la información?

    a. La Ley 56/2007, de 28 de diciembre.
    b. La Ley 56/2008, de 28 de diciembre.
    c. La Ley 59/2007, de 28 de diciembre.
    d. Todas las opciones son incorrectas.

6. ¿Qué ley modificó los derechos ARCOS a los llamados nuevos derechos digitales?

    a. La LISI.
    b. La LOPDGDD.
    c. La GDD.
    d. Todas las opciones son incorrectas.

7. ¿A partir de qué importe la normativa española establece la obligatoriedad de facturación electrónica en todo el Estado español?

    a. 3.500 €.
    b. 0 €.
    c. 1.000 €.
    d. Todas las opciones son incorrectas.

8. ¿En qué fecha entró en vigor la obligatoriedad de facturación electrónica para los subcontratistas de la Administración pública en todo el Estado español?

    a. 1 de julio de 2018.
    b. 1 de julio de 2017.
    c. 1 de julio de 2015.
    d. 1 de julio de 2013.

9. La Directiva Europea 2014/55/UE, del Parlamento Europeo y del Consejo, de 16 de abril de 2014, relativa a la facturación electrónica en la contratación pública, persigue que el sistema de facturación electrónica sea extendido entre...

    a. ... negocios privados.
    b. ... gobiernos de países europeos.
    c. ... administraciones públicas y negocios privados.
    d. Todas las opciones son correctas.

10. La Directiva Europea 2014/55/UE, del Parlamento Europeo y del Consejo, de 16 de abril de 2014, relativa a la facturación electrónica, trata de...

    a. ... dar respuesta a la inoperatividad de diferentes normas dentro del marco europeo.
    b. ... dar respuesta a la ausencia de un marco legislativo común.
    c. ... dar respuesta a la complejidad en la interoperabilidad y ausencia de garantías jurídicas fuera de las fronteras.
    d. Todas las opciones son correctas.

Factura electrónica y formato

Contenido

Objetivos

Los objetivos generales de esta Unidad de Aprendizaje son:

→ Conocer los tipos de archivos electrónicos con los que es posible generar una factura digital, y distinguir los dos grandes grupos de formatos de factura electrónica que hacen posible la operativa de facturación digital de una actividad económica.

→ Reconocer algún programa específico de facturación telemática que, además, permita generar facturas electrónicas dirigidas a la Administración pública.

→ Identificar los campos obligatorios que deben estar reflejados en una factura digital para que esta tenga total validez legal.

Los objetivos específicos de esta Unidad de Aprendizaje son:

→ Distinguir los escenarios que dan como resultado diferentes modelos de facturación electrónica.

→ Contar con los conocimientos necesarios para seleccionar la mejor solución para la emisión de facturas digitales.

→ Conocer aplicaciones informáticas de facturación electrónica.

→ Saber realizar la búsqueda y obtener los resultados de los datos necesarios para generar una factura dirigida a la Administración pública.

1. Introducción

En los tiempos actuales, la velocidad es un aspecto incuestionable que todo negocio debe incorporar a sus procesos de gestión si se pretende alcanzar la competitividad suficiente como para sobrevivir en este ecosistema comercial globalizado.

La incorporación al sistema de gestión de una empresa de un medio de facturación electrónica facilita la adecuación y adaptabilidad del negocio a los tiempos actuales con gestiones administrativas ágiles. Sin embargo, implantar la factura electrónica en una actividad comercial, ya sea física u *online,* requiere de unos conocimientos básicos y sencillos, y no tenerlos supondría cometer algún error básico que pudiera desembocar en algún problema que afecte directamente a la actividad del negocio.

Por ello, en esta unidad tratarás algunos elementos básicos como el formato de la factura digital vista desde dos conceptos totalmente diferentes. También conocerás un formato reconocido de facturación, y el contenido informativo que debe desvelar una factura para que cuente con la atribución legal correspondiente.

Para abarcar estos temas, nos seguiremos basando en el negocio de Beltrán, el cual pretende implementar próximamente la factura digital, para lo que ha decidido contar con información útil para que este cambio no suponga ningún problema en la actividad que desde hace tiempo viene desarrollando con total normalidad.

2. Formato *Facturae*

 HILO CONDUCTOR

Tras iniciar la andadura de investigar sobre la factura digital, Beltrán ahora está totalmente convencido de que implementar este método de facturación solo le traerá grandes beneficios. Quizá al principio deba mostrar alguna mayor atención para tratar de no cometer ningún error, pero, por lo demás, parece que todo será sencillo.

Continúa en página siguiente >>

<< Viene de página anterior

Con la aprobación de un proyecto presentado al ayuntamiento, es muy probable que la escuela de adultos que regenta Beltrán tenga que generar su primera facturación telemática a esta Administración local. No obstante, y antes de aprender cuál es el procedimiento correcto, quiere seguir investigando sobre los tipos de archivos y formatos de este especial documento digital.

No te abrumes si ahora te encuentras con tres fórmulas para facturar electrónicamente. No se trata de complicarte la tarea, sino de todo lo contrario: proporcionarte la información y darte a conocer las herramientas para que puedas elegir la más conveniente.

Con certificado de firma electrónica reconocida

- Se trata de generar un documento de factura y firmarlo digitalmente con el certificado electrónico reconocido previamente descargado en el dispositivo donde se realiza la operativa.

Autofacturación

- La autofacturación es un sistema de facturación, en el que es posible facturar electrónicamente a través de un tercero. La particularidad es que, con esta opción, es el propio destinatario (receptor) el que crea su propia factura. Este método está regulado en el artículo 5 del Reglamento ("Cumplimiento de la obligación de expedir factura por el destinatario o por un tercero"), donde se exponen las obligaciones de la facturación, aprobadas en el Real Decreto 1619/2012, de 20 de noviembre.

Prestador de servicios

- Este método de facturación electrónica emplea la intermediación de un prestador de servicios de facturación. Se trata de empresas cuyas soluciones de facturación electrónica están verificadas por la Administración General del Estado.

PARA SABER MÁS

Accede al siguiente enlace para conocer las empresas verificadas por la Administración General de Estado:

https://redirectoronline.com/adgg022po0301

Una vez que conoces los tres métodos que te permitirán facturar con total normalidad, es probable que, ante alguno de ellos, te cuestiones qué **formato** de factura podrás utilizar. Sin embargo, el concepto **formato** en facturación tiene varios significados muy diferentes. Presta atención a la siguiente explicación:

1. Formato como estructura del fichero

- Hace referencia al archivo contenedor del documento que soporta electrónicamente el contenido de la factura. Este formato puede ser diverso: JPG, PDF, GIF, XLS, XML, HTML, DOC, TXT, etc.

2. Formato como estructura de la firma

- Hace referencia a la estructura del fichero de la firma (con el que se firmó la factura), es decir, donde queda guardado el documento original que permitió generar la firma de la factura y que contiene información tan importante como la longevidad de la misma y el sello en el tiempo. Este formato puede ser diverso: PKCS7, PAdES o XadES, entre otros.

NOTA

Un fichero o archivo tiene un formato electrónico (PDF, GIF, JPG, etc.), pero además un fichero de firma (archivo firmado) tiene también un formato electrónico (CAdES, PAdES, XAdES...). Por ejemplo, puedes crear una factura en un documento PDF y firmarlo posteriormente con firma electrónica, dando lugar a un formato de firma PAdES.

Ahora bien, también es posible que te encuentres con otras dos nuevas definiciones de formato, pero en esta ocasión la perspectiva de las definiciones es mucho más general. Aunque esta información no es relevante, quizá sí es importante poder utilizar los términos con propiedad.

Formato estructurado
- Son aquellos formatos que pueden enviarse automáticamente con soluciones informáticas de facturación electrónica.

Formato no estructurado
- Son aquellos formatos presentados en forma de imagen (escaneo de facturas físicas) y cuyo procesamiento tendrá que realizarse manualmente, ya que son formatos complicados para ser leídos de forma informática. También es posible disponer de una solución compleja de facturación de firma que admita este tipo de formato y lo procese de modo automático.

Tal y como quedó explicado en apartados anteriores, un formato puede ser la manera de definir la estructura de un fichero (contenedor). Debido a la gran diversidad de archivos electrónicos que existen en la actualidad, y con objeto de que te familiarices con ellos y sepas distinguirlos, la interacción que viene a continuación te permitirá conocer algunos importantes detalles de cada tipo de "contenedor electrónico" por si te encuentras en la tesitura de tener que elegir.

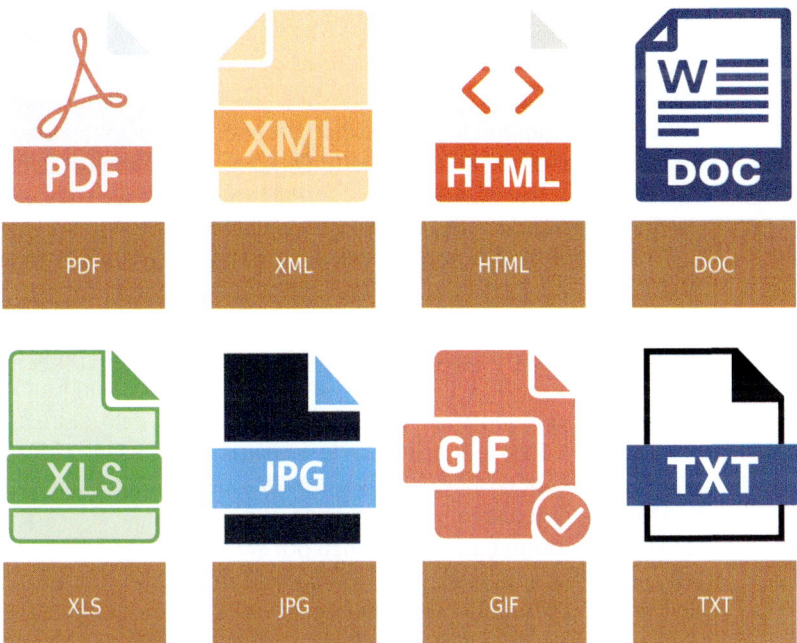

➲ **PDF.** El formato PDF *(Portable File Document)* es un tipo de archivo digital que representa un pilar importante en el ecosistema de gestión administrativa digitalizada de todos los sectores. Actualmente el 50 % de los trabajos documentales en el ámbito del comercio se instrumentalizan con él, que cuenta ya con casi 30 años de antigüedad. Su función es la de contener de manera segura un documento que pueda ser visualizado e impreso por la gran mayoría de dispositivos electrónicos como ordenadores, móviles y tabletas. Este contenedor es uno de los más utilizados para el intercambio de documentos digitales, en gran parte por poder ser manejado en distintas plataformas anteriormente mencionadas y también por ser admitido por la totalidad de sistemas operativos, sin generar ninguna incompatibilidad. El PDF cuenta con otra característica que lo hace muy interesante, y es que admite la incorporación de gráficos, vídeos y audios, ofreciendo gran versatilidad en un tamaño de archivo relativamente pequeño.

Por otra parte, admite acciones que proporcionan seguridad, como la incorporación de contraseñas que pueden proteger el archivo digital. También puede limitar acciones al receptor como la simple lectura e incluso no permitir la impresión. La fórmula más fácil de ver un archivo en formato PDF es contando con la versión gratuita del *Adobe Acrobat Reader DC,* aunque también es posible mediante otros programas alternativos.

- **XML.** En algunas descripciones del XML *(Extensible Markup Language),* puedes encontrarte que, en vez de formato, lo denominen sistema. Aunque en un principio se considera un lenguaje programático que admite el etiquetado y organización de documentos digitales, sus diferentes versiones hacen que queden englobadas como un solo sistema compuesto por lenguajes diferentes. Principalmente sirve de contenedor de datos de páginas web; hojas de cálculo.

  Se caracteriza por que permite, una vez creado el documento, añadirle etiquetas nuevas que identifican el contenido del documento ayudando a estructurar y representar los datos que lleva incorporados. En la práctica, esto último supone la posibilidad de que la información presentada, ya sean gráficos, textos e imágenes, vaya descargándose en función de la necesidad, quedando fácilmente localizada en una estructura definida y bien ubicada. Para leer este tipo de archivos es necesario recurrir a programas de edición de textos XML, siendo compatibles muchos de ellos con los diferentes sistemas operativos.

- **HTML.** Este lenguaje se caracteriza por ser fácilmente entendible tanto por dispositivos tecnológicos como por el propio ser humano. Es fácil de generar y la edición del documento es parecida a un bloc de notas. El lenguaje puede ser reconocible con facilidad por cualquier persona en donde se incluyen caracteres <p> tanto en la cabecera como en el cuerpo y final del texto, expresiones que indican la información tratada y la referencia a otros ficheros.

- **DOC.** El formato de archivo electrónico .DOC ha ido evolucionando desde su nacimiento hace ya más de 40 años, cuando únicamente se trataba de un documento de texto plano. En la actualidad es mucho más versátil aunque sigue teniendo algunas limitaciones en las transmisiones, pues en ocasiones el formato presenta incompatibilidades en los programas.

- **XLS.** Es un formato que requiere un programa específico para la visualización del documento. Puede presentar las mismas incompatibilidades que el formato DOC, aunque es posible disponer de programas gratuitos para su lectura. Los formatos XLS contienen principalmente información numérica, pero pueden igualmente albergar imágenes, gráficos, listas y otros contenidos más visuales, pero el peso del archivo mucho mayor que en otros, además de contar con menor seguridad. El único motivo para seguir utilizando este formato es que sigas usando una versión de *Excel* anterior al 2003.

- **JPEG.** Es un formato gráfico de mapa bits. Se trata de un formato que contiene archivos de alta calidad proporcionando imágenes fijas no editables. La calidad y profundidad de imagen hace que estos archivos consuman mucho espacio, siendo normalmente pesados, independientemente de que cuenten con un algoritmo que puede comprimir el archivo en no más de un 5 % de su peso. Además, este formato se caracteriza por que permite ir descubriendo la nitidez de la imagen durante su carga.

⊃ **GIF.** Al igual que ocurre con el formato JPEG, permite ir descubriendo la imagen durante la carga, pero en esta ocasión no se ve en un principio en su totalidad de manera borrosa hasta conseguir la carga total en la que se visualizará la imagen con extrema calidad, sino que poco a poco van apareciendo las líneas gráficas que lo caracterizan hasta definir la imagen completa.

⊃ **TXT.** El formato TXT contiene información no compleja pero que cumple con las exigencias de los principales editores de texto, permitiendo fácilmente la visualización en cualquier sistema operativo disponible.

Una vez vista la cantidad de **formatos** y enfoques admitidos para la generación de una factura electrónica, te gustará saber cuáles son los **más operativos** o más utilizados y cuáles son los motivos. No pierdas detalle porque, además, con la siguiente explicación se incorporará otro concepto de formato de facturación simplemente con la intención de que, al menos, sepas de su existencia.

Formato PDF

- Es habitual el uso del formato del fichero en PDF (formato de firma PAdES) cuando la factura es emitida a un profesional, particular o pequeña empresa a través del correo electrónico. Es un tipo de formato que cualquier receptor puede leer y archivar con suma facilidad.

Formato XML

- El formato XML es uno de los más utilizados, ya que es el aceptado por el programa de facturación electrónica *Facturae*, con el que se opera con la Administración pública. Ahora bien, el formato XML es el fichero que utiliza *Facturae*, mientras que la estructura de firma de factura electrónica en este formato *Facturae* es XadES.

Continúa en página siguiente >>

<< Viene de página anterior

Formato EDI

- Más que un formato es un sistema de facturación en el que se realiza un intercambio electrónico de datos entre organizaciones. Facilita enormemente el intercambio de datos comerciales a nivel internacional, evitando grandes trámites burocráticos que ralentizarían las operaciones. De alguna manera, podría definirse como un gran sistema computacional a nivel mundial en el que quedan englobadas multitud de áreas de negocio entre las que está la gestión de la facturación. Este formato de intercambio de datos suele realizarse con ficheros XML, entre otros. Gracias a EDI *(Electronic Data Interchange)*, es posible emitir y recibir documentos correspondientes a una relación comercial de manera normalizada, y realizarlo entre sistemas informáticos sometidos a unos estándares internacionales. El objetivo final del EDI es facilitar la internacionalización, pudiendo intercambiar todos los documentos que se forman a raíz de las actividades económicas mediante un lenguaje común que facilite enormemente estas relaciones.

ELECTRONIC DATA
INTERCHANGE

NOTA

Como habrás podido comprobar, los tres ejemplos mostrados son formatos válidos que pertenecen a "grupos" diferentes de formatos: **fichero, estructura de firma, programa informático.**

CONSEJO

Ya conoces muchos de los formatos que pueden usarse para facturar electrónicamente; no obstante, si acabas de iniciarte en el mundo de la facturación *online,* es probable que te dejes aconsejar por algún **programa de gestión de facturas electrónicas.** Si este es el caso, será el propio programa informático

Continúa en página siguiente >>

<< Viene de página anterior

el que se encargará de incorporar la información de tu factura al formato correspondiente, por lo que la diversidad de estos no deberá causarte ninguna complicación.

Uno de los programas informáticos de facturación más popular es **Facturae.** Se trata de un *software* gratuito a disposición de empresas y autónomos, a través del cual es posible facturar tanto a usuarios o empresas como a la misma Administración pública. De hecho, si facturaras a alguna entidad u organismo público, no tendrías más remedio que hacer uso de este formato, ya que es el que maneja la Administración General.

El formato de firma de facturación electrónica Facturae ha sido desarrollado por el ministerio con competencia en economía para facilitar la generación de facturas electrónicas y poder así emitir facturas a la Administración pública.

 **IMPORTANTE**

Aunque *Facturae* es un *software* de descarga libre y gratuita (aplicación informática), te encontrarás con soluciones comerciales que utilizan el formato Facturae y que igualmente son aceptados por la Administración por estar homologados (cuenta con los requisitos legales establecidos en la normativa). La única diferencia es que estos *softwares* comerciales admiten mayor personalización y tienen integrados otros servicios que pueden resultar atractivos para el proveedor. Lo importante es constatar que cumplen con la normativa antes de adquirirlos.

NOTA

Puede que te causen alguna confusión los términos formato Facturae y aplicación *Facturae.* El primero hace referencia al archivo electrónico (documento electrónico que sirve de contenedor de la factura) y el segundo corresponde al programa informático *(software),* que te permitirá emitir ese documento electrónico; de ahí la diferencia entre formato y aplicación.

Facturae es un programa que cuenta con una historia que ha ido mejorando a lo largo del tiempo. Es posible que, si indagas por internet, te encuentres con información relativa a varias versiones (la primera nació en el año 2008 y corresponde a la versión 1.0).

Tienes a tu disposición la última **versión** del programa de facturación en función del **sistema operativo** con el que trabajes:

- ➲ Programa de gestión de facturación electrónica 3.2.2 - *Linux.*
- ➲ Programa de gestión de facturación electrónica 3.2.2 - *MacOS.*
- ➲ Programa de gestión de facturación electrónica 3.2.2 - *Windows.*

IMPORTANTE

La versión 3.2.2 de *Facturae* es obligatoria para la facturación electrónica en operaciones con la Administración pública y debe incluir validaciones conformes al estándar europeo EN16931.

NOTA

La aplicación de *Facturae* exige unos requisitos mínimos:

- Pentium III.
- Memoria del sistema de 128 MB.

Continúa en página siguiente >>

<< Viene de página anterior

- Válido para las versiones de *Windows XP, Windows Vista, Windows 7* o superiores, *Mac OS X* y *Linux*.
- Contar con una resolución óptima de 1024×768 pixeles.
- Disponer de máquina virtual Java: JRE 1.6 o superior hasta la 1.8.0_144 (será necesario JRE 1.8 o superior para crear y enviar facturas a FACe).

 ## DEFINICIÓN

FACe

Es la plataforma *online* o punto general de entrada de facturas electrónicas habilitada para el envío de facturas dirigidas a cualquier organismo de la Administración General del Estado. Una factura generada con *Facturae* es presentada a través de FACe.

 ## PARA SABER MÁS

Si quieres conocer cómo quedan integrados Facturae y FACe, no dejes de ver el siguiente vídeo:

https://redirectoronline.com/adgg022po0303

✎ ACTIVIDAD COMPLEMENTARIA

3. Hasta ahora, has podido conocer multitud de conceptos relacionados con la facturación electrónica, entre ellos: formatos de archivos y formatos de firma. ¿Serías capaz de representar en una gráfica, y de manera muy sencilla, cómo podría ser el proceso de emisión y recepción de una factura digital en el que aparezca el concepto "formato estándar XML"? Elige el método de formato estructurado donde intervenga un programa o aplicación de facturación.

---

3. Datos administrativos

☞ HILO CONDUCTOR

Beltrán, como empresario, tendrá la obligación de facturar al ayuntamiento de su localidad por los cursos presenciales que impartirá al colectivo de adultos para la adquisición de competencias digitales a través del programa de políticas sociales. ¿Qué información administrativa será necesario incorporar a la factura, más allá de los datos lógicos de este documento tributario?

Al navegar por *Facturae*, verás que deberás cumplimentar una serie de datos obligatorios, entre ellos una información específica cuando la factura vaya dirigida a un organismo público. Estos datos administrativos solicitados están reflejados en la normativa, aunque seguidamente verás los tres campos más importantes y que has de rellenar:

 **RECUERDA**

A partir del año 2013, con la Ley 25/2013, de 27 de diciembre, se promovió el uso de la facturación electrónica y pasó a ser obligatorio su empleo en la Administración pública. Se propuso entonces que, a partir de enero del 2015, se trasladara esta obligación a la empresa privada que facturara a algún organismo público.

Toda administración pública tiene un portal electrónico a través del cual es posible que todo proveedor disponga de un listado de unidades y códigos. No obstante, es posible acceder a esta información mediante el acceso a **DIR3.**

https://redirectoronline.com/adgg022po0304

Soluciones tecnológicas del Centro de Transferencia de Tecnología con el área de descarga del Directorio Común de Unidades Orgánicas y Oficinas (DIR3).

DEFINICIÓN

DIR3
Es un directorio común donde está concentrada toda la información relativa a las unidades orgánicas, organismos públicos, oficinas contables y órgano gestor correspondiente a fin de facilitar los datos administrativos necesarios para la generación de una factura electrónica dirigida a un ente público. Con este listado de codificación, se evitarán errores y se favorecerá la interoperabilidad entre los distintos agentes sociales.

IMPORTANTE

Toda factura electrónica de la Administración pública o dirigida a ella necesitará la identificación de la unidad tramitadora y el órgano gestor, identificados con su código de órgano. Sin estos datos no podrás generar el fichero electrónico que te permitiría enviarlo al receptor de la factura a través de FACe.

APLICACIÓN PRÁCTICA

La pequeña gestoría en la que trabaja Marta como contable va a emitir por primera vez una factura electrónica a una nueva empresa que comienza a recibir sus servicios contables y administrativos como cliente. Marta anda un poco despistada, puesto que la exigencia acordada era emitir facturación electrónica, pero se trata de un procedimiento que nunca hasta ahora ningún cliente le había pedido. Una de las cuestiones que más le preocupa es dar una imagen de gestoría tradicional y poco actualizada, planteándose, entre otras cosas, qué formato elegir para generar el documento más apropiado. Planteada esta cuestión, ¿podrías ayudar a Marta a elegir un formato simple y habitual?

Solución

El formato PDF habla un lenguaje universal, por lo que es ideal para negocios que quieran iniciarse en el mundo de la facturación digital. No es necesario

Continúa en página siguiente >>

<< Viene de página anterior

contar con un programa específico de facturación, siempre que se tenga la firma electrónica basada en un certificado electrónico reconocido. Por otra parte, el receptor no tendrá ninguna complicación en poder visualizar la factura, descargarla, imprimirla o guardarla; únicamente necesitará el típico programa lector de PDF normalmente integrado en todo ordenador.

Aunque el formato PDF puede que sea la mejor solución inicial para el caso que plantea Marta, es cierto que es posible que le interese implementar algún *software* específico que le facilite en un futuro la gestión universal de todas sus facturas telemáticas.

El formato EDI está más indicado para receptores que tienen implementados sistemas automáticos de recepción de documentos, siendo estas soluciones algo más complejas y poco prácticas para el caso de Marta.

VÍDEO

Este vídeo muestra cómo facturar a la Administración pública a través de un *software* homologado. En él se observa claramente cómo se van incluyendo los datos administrativos necesarios recopilados del DIR3.

https://redirectoronline.com/adgg022po0305

 **TAREA 3**

Por primera vez, la empresa de electricidad Ilumitex ha ganado el concurso para instalar las luces de Navidad en la pequeña localidad de Chiclana de la Frontera. Carlota, su contable, quiere anticiparse en averiguar cómo ha de facturar, ya que esta será la primera vez que trabajarán para un organismo público y hasta hora la modesta empresa siempre facturó en papel.

En función de estos datos, indica a Carlota la solución para la generación de facturas digitales al Ayuntamiento de Chiclana de la Frontera, provincia de Cádiz, y cómo ha de obtener los datos administrativos necesarios para poder generar la futura factura.

---

4. Contenido de la factura y líneas de detalle

 HILO CONDUCTOR

Ahora que Beltrán ya conoce los datos administrativos para poder facturar cuando llegue el momento al ayuntamiento de su localidad, tendrá que investigar si el contenido de la factura digital debe ser similar al exigido en una factura tradicional.

Seguro que tienes cierta inquietud por descubrir cuál es el contenido informativo que debe estar reflejado en tu primera factura telemática. Si has facturado alguna vez, ya conocerás algunos datos básicos y obligatorios para que este documento electrónico tenga igualmente validez. No obstante, a continuación vas a disponer de una relación con toda la información que una factura digital debe siempre contener.

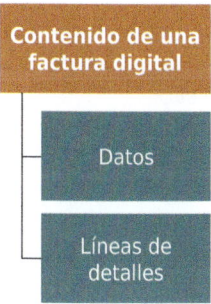

4.1. Datos

Al igual que ocurre con la factura en papel, la digital deberá mostrar unos datos que vienen a detallar la operación que se va a facturar. El cliente o receptor de tu factura debe conocer a través de este documento qué vas a cobrarle, en qué concepto y con qué términos.

Estos son los datos que siempre deben figurar en la factura electrónica cuando procedas a crearla:

- Tus datos (vendedor) o los de tu empresa: razón social o nombre, NIF (autónomo) o CIF (sociedad) y los datos relativos al domicilio fiscal.
- Los datos del cliente (comprador): razón social o nombre, NIF (autónomo) o CIF (sociedad) y los datos relativos al domicilio fiscal.
- N.º de factura, incluida la serie numérica.
- Fecha de expedición de la factura.
- Fecha de realización de servicios o la venta de productos (puede ser distinta a la fecha de expedición).
- Descripción del producto o servicio prestado.
- Precio por unidad antes de impuestos.
- Descuentos o anticipos si existieran.
- Cuota tributaria.
- El total del importe.
- IVA y porcentaje aplicado. Si la operación estuviera exenta del impuesto sobre el valor añadido, la factura deberá identificarlo con una anotación la normativa (artículo) al que se acoge. Por ejemplo, "Factura exenta de IVA, según art. 20. 1. 26".
- Tipo de retención aplicado (IRPF).
- En caso de ser autofactura esta debe ser nombrada, aunque el documento siempre tendrá la denominación de factura. Por ejemplo, podrá leerse la siguiente expresión: "Facturación por el destinatario", sin nombrarse el concepto autofacturación, sino claramente el término "Factura".

⊃ En caso de que la factura correspondiera al régimen especial de bienes usados o al régimen especial de agencias de viaje, deberá también hacerse referencia a ello.

4.2. Líneas de detalle

Las facturas electrónicas deben incluir un identificador único global (UUID) y un código QR que permita su validación automática mediante herramientas homologadas por las Administraciones públicas.

Aunque en el mercado *online* puedes encontrar multitud de plantillas disponibles para ser editadas y personalizadas, en el caso de que desees crear tú mismo un modelo de documento, trata de seguir una línea de detalle como esta para que el cálculo de los importes sea correcto:

Primer apartado
- Importe de los productos o servicios prestados
- Descuentos si existieran (concepto del descuento)
- Gastos (si existieran)

Subtotal
- IVA (cuota) y el tipo
- IRPF (cuota)
- Recargos (si los hubiera)

Total
- Provisión de fondos (si existiera)
- Gastos suplidos (si existieran)
- Total a pagar

5. Resumen

Existen tres fórmulas que permiten facturar electrónicamente: a través de un programa informático de facturación capaz de generar facturas electrónicas, con la intermediación de un prestador de servicios de facturación electrónica y mediante la autofacturación.

Con certificado de firma electrónica reconocida	Autofacturación	Prestador de servicios

El concepto de formato en facturación tiene varios significados muy diferentes. Por ejemplo, un fichero o archivo tiene un formato electrónico, pero además un fichero de firma (archivo firmado) también se reconoce con el nombre de formato.

> **1. Formato como estructura del fichero**
> - CPDF, JPG, GIF, XLS, XML, HTML, DOC, TXT, etc.

> **2. Formato como estructura de la firma**
> - PKCS7, PAdES, XadES, etc.

Es posible crear una factura en un documento PDF (formato electrónico del archivo) y firmarlo posteriormente con firma electrónica, dando lugar a un formato electrónico de firma PAdES.

También se pueden encontrar otras dos definiciones de formato, pero vistas desde otra perspectiva mucho más global y que diferencian los formatos de factura digital en dos grupos:

Formato estructurado	Formato no estructurado
- Son aquellos formatos que pueden enviarse automáticamente con soluciones informáticas de facturación electrónica.	- Son aquellos formatos presentados en forma de imagen (escaneo de facturas físicas) y cuyo procesamiento tendrá que realizarse manualmente, ya que son formatos complicados para ser leídos de forma informática. También es posible disponer de una solución compleja de facturación de firma que admita este tipo de formato y lo procese de modo automático.

Existe gran variedad de formatos de archivos electrónicos, formatos que hacen la función de contenedor de la factura o de cualquier otro documento. Algunos de ellos son más universales, como es el caso del PDF, y otros plantean algún problema de incompatibilidad con el sistema receptor, requiriendo algún programa específico.

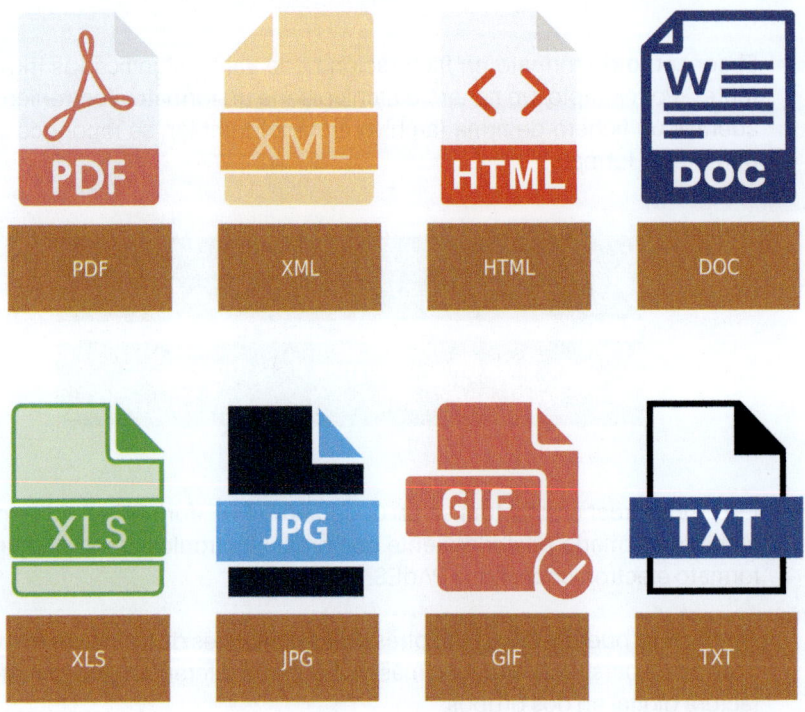

El formato XML es uno de los más utilizados, ya que es el aceptado por el programa de facturación electrónica *Facturae,* con el que se opera con la Administración pública.

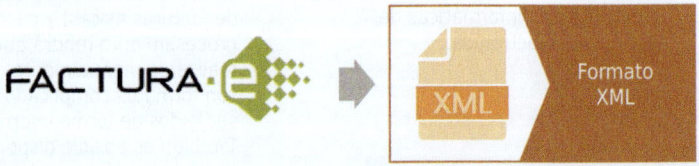

Tal y como ya comentamos, *Facturae* es un *software* especializado de facturación. También es un formato de firma de facturación electrónica muy popular, y con él es posible realizar todos los procesos de facturación electrónica tanto con las administraciones públicas (obligatorio desde el año 2015) como entre empresas y clientes.

Si la facturación es a una institución pública, además de contener todos los datos obligatorios (prácticamente iguales a la factura tradicional) establecidos por la normativa para que cuente con validez legal, será necesario reflejar otros datos administrativos que permiten identificar sin error alguno a la oficina contable, el órgano gestor y la unidad tramitadora del organismo público al que va dirigida la factura.

Ejercicios de autoevaluación
Unidad de Aprendizaje 3

1. Indica si las siguientes afirmaciones son verdaderas o falsas:

a. La incorporación al sistema de gestión de una empresa de un medio de facturación electrónica, facilita la adecuación y adaptabilidad del negocio a los tiempos actuales con gestiones administrativas ágiles.

■ Verdadero
■ Falso

b. Implantar la factura electrónica en una actividad comercial, ya sea física u *online,* no requiere de unos conocimientos básicos, puesto que los programas específicos vienen preparados para que no se cometa ningún error.

■ Verdadero
■ Falso

c. La facturación electrónica ayuda a las empresas a ganar competitividad en el mercado actual.

■ Verdadero
■ Falso

2. Es posible facturar electrónicamente mediante...

a. ... certificado de firma electrónica reconocida.
b. ... autofacturación.
c. ... prestador de servicios.
d. Todas las opciones son correctas.

3. La autofacturación...

    a. ... está regulada en el artículo 3 del Reglamento ("Cumplimiento de la obligación de expedir factura por el destinatario o por un tercero"), donde se exponen las obligaciones de la facturación, aprobadas en el Real Decreto 1619/2012, de 20 de noviembre.

    b. ... está regulada en el artículo 5 del Reglamento ("Cumplimiento de la obligación de expedir factura por el destinatario o por un tercero"), donde se exponen las obligaciones de la facturación, aprobadas en el Real Decreto 1619/2012, de 20 de noviembre.

    c. ... está regulada en el artículo 1 del Reglamento ("Cumplimiento de la obligación de expedir factura por el destinatario o por un tercero"), donde se exponen las obligaciones de la facturación, aprobadas en el Real Decreto 1619/2012, de 20 de noviembre.

    d. Todas las opciones son incorrectas.

4. El formato de factura electrónica...

    a. ... puede ser entendido como el formato electrónico del fichero.

    b. ... puede ser entendido como el formato electrónico de la firma.

    c. ... puede ser entendido como el formato estructurado o no estructurado de la factura digital.

    d. Todas las opciones son correctas.

5. PAdES es:

    a. Un formato de archivo electrónico.

    b. Un formato de fichero de firma electrónica.

    c. Una factura digital.

    d. Todas las opciones son incorrectas.

6. ¿Qué nombre recibe el formato de firma de facturación electrónica que ha sido desarrollado por el ministerio con competencia en economía para facilitar la generación de facturas electrónicas y poder así emitir facturas a la Administración pública?

    a. *Facturae*.

    b. FACe.

c. EDI.
d. Factusol.

7. El programa de facturación *Facturae* es...

a. ... un *software* de descarga libre exclusivo para sistemas operativos *Windows*.
b. ... un *software* de descarga libre exclusivo para sistemas operativos *Linux*.
c. ... un *software* de descarga libre exclusivo para sistemas operativos *MacOS*.
d. Todas las opciones son incorrectas.

8. Facturar a la Administración publica es posible...

a. ... descargando el *software* gratuito *Facturae*.
b. ... utilizando una solución comercial homologada que utilice el formato *Facturae*.
c. ... descargando el *software* gratuito *Facturae* o utilizando una solución comercial homologada que utilice el formato *Facturae*.
d. Todas las opciones son incorrectas.

9. La última versión reconocida (en el año 2019) del programa gratuito *Facturae* es la versión...

a. ... 3.5.
b. ... 3.4.
c. ... 3.6.
d. ... 3.2.2.

10. La aplicación web denominada FACe es...

a. ... el punto general de entrada de facturas de la Administración autonómica de Andalucía.
b. ... el punto específico de entrada de facturas de las administraciones locales.
c. ... el punto general de entrada de facturas de la Administración General del Estado.
d. Todas las opciones son incorrectas.

Gestión básica de la facturación electrónica

Contenido

Objetivos

El objetivo general de esta Unidad de Aprendizaje es:

→ Garantizar el aprendizaje de la gestión básica de facturación electrónica por medio del programa *Facturae*. Aprender a manejar el programa desde la creación de la factura y la cumplimentación de los campos informativos con la posterior generación del fichero. Gestionar el envío telemático de la factura y también el proceso de recepción de la misma, además de otras funcionalidades entre las que están la generación del libro de IVA.

Los objetivos específicos de esta Unidad de Aprendizaje son:

→ Aprender los pasos básicos para la gestión íntegra de un programa de facturación electrónica.

→ Conocer el manejo de la aplicación *Facturae* y todas sus funcionalidades.

→ Saber realizar el envío de facturas a través de la plataforma FACe.

1. Introducción

Una de las medidas de impulso para la facturación electrónica puestas a disposición de cualquier agente económico, ya sea empresa, negocio o profesional autónomo es el programa específico de facturación electrónica llamado *Facturae*.

Con el fin de conseguir el objetivo de facilitar los conocimientos básicos para la gestión de la facturación electrónica, esta unidad tratará las principales funcionalidades del programa como sistema de facturación electrónica que, además de ser el utilizado por proveedores de la Administración pública, también es una solución gratuita para cualquier empresa.

En esta unidad abordarás todos los pasos que te permitirán generar, emitir, rectificar y otras muchas funcionalidades que hacen de esta aplicación de facturación una solución universal.

Para ello, nos seguiremos basando en el negocio de Beltrán, quien necesita aprender el uso de este programa informático para poder presentar la factura al ayuntamiento de su localidad, y que aprovechará este aprendizaje para utilizar esta plataforma de facturación como solución integral.

2. Gestión básica de la facturación electrónica

🖙 HILO CONDUCTOR

En el empeño de Beltrán por conocer las características y elementos de la factura digital, se topa con el programa informático que le permitirá facturar tanto al ayuntamiento de su localidad como a otras empresas a las que les presta servicios profesionales para la formación de sus empleados en competencias digitales.

- -

Una vez que te has hecho con la última versión de *Facturae* válida para tu sistema operativo y has conseguido descargarla en tu PC, dejarás atrás la teoría para iniciar la práctica de la gestión básica de la facturación telemática. Para ello, y como primer paso, solo tendrás que hacer clic en el icono de *Facturae* disponible en tu escritorio.

*Punto de acceso a la aplicación de
facturación electrónica de Facturae*

Lo primero que verás es la pantalla principal con diferentes apartados. Todos ellos engloban las diversas acciones que puedes llevar a cabo en la plataforma *Facturae*.

En la imagen mostrada a continuación, podrás observar cada grupo de apartados. Luego ve avanzando poco a poco para tener una mayor información de cada sección.

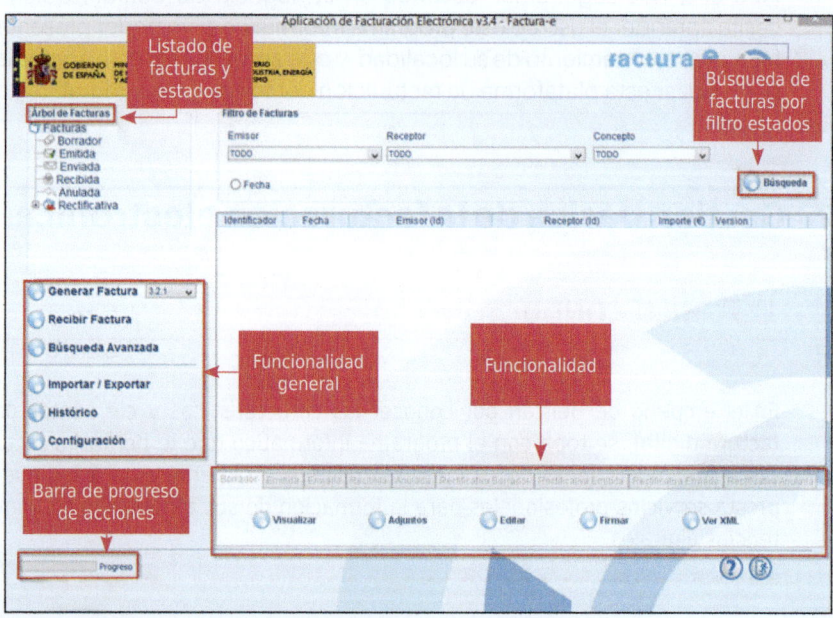

Pantalla principal de Facturae con acceso a diferentes funcionalidades

En el apartado **Árbol de Facturas** dispondrás de diferentes nodos. Cada uno de ellos te mostrará un listado de facturas gestionadas en función del estado en el que se encuentren.

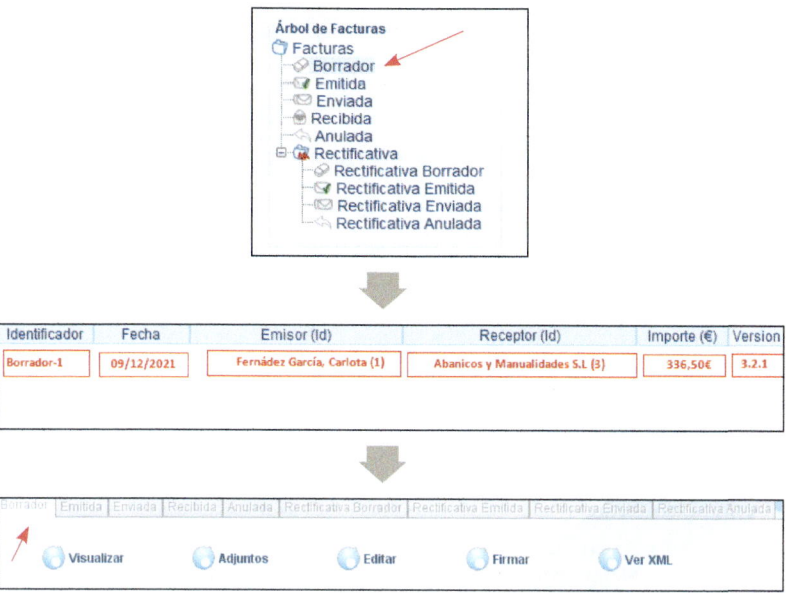

Desglose de la sección Árbol de Facturas e información mostrada del detalle al consultar "Borrador"

NOTA

Dependiendo del estado de la factura, será posible realizar una opción u otra. Por ejemplo, si el estado en el que se encuentra la factura es el de "Borrador", las acciones posibles serán diversas, mientras que si el estado es "Recibida", no será posible editar el contenido de esta.

---

3. Gestión de emisores

HILO CONDUCTOR

Una vez que Beltrán ha descargado en su ordenador la aplicación *Facturae* y navegado por ella para conocer la mayoría de los apartados, ha decidido comenzar a practicar introduciendo sus datos profesionales como emisor de facturas digitales, grabándolos en la base de datos.

Justo debajo del árbol de facturas, dispones del cuadro principal desde donde podrás generar tu primera factura.

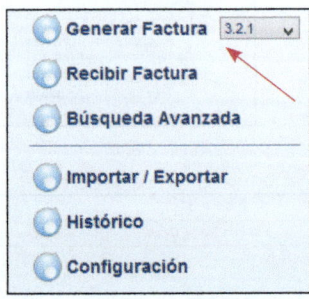

*Relación de funcionalidades generales
de la aplicación Facturae*

Al hacer clic en **Generar Factura,** y eligiendo la versión más actualizada (3.2.1), te saldrá una pantalla amplia con la que comenzarás a operar.

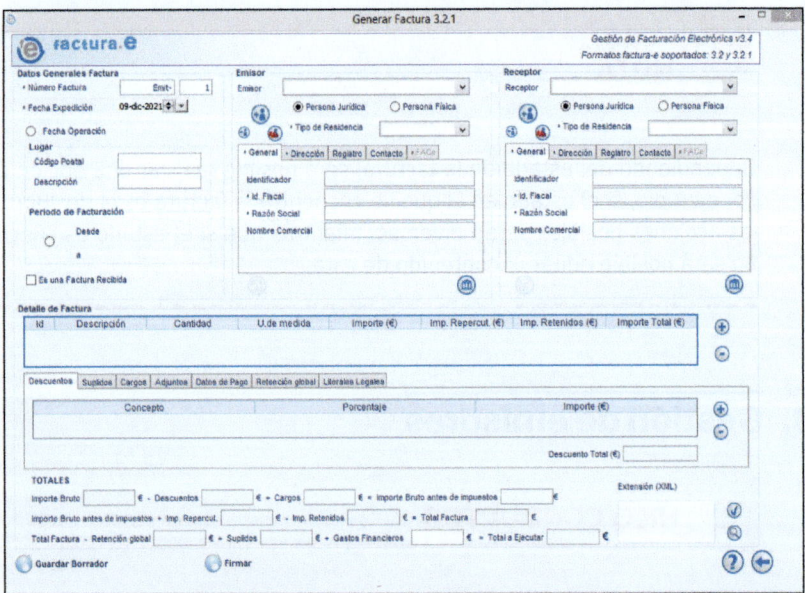

Registro de datos para la generación de emisores de facturas en Facturae

El recuadro de "Emisor" te permitirá seleccionar el emisor de la factura si alguna vez lo diste de alta. No olvides que puedes utilizar la plataforma

Facturae para la facturación electrónica de varias actividades comerciales de distintos emisores.

Si es la primera vez, tendrás que darle al botón donde aparece el icono con el signo +, justo donde te indica la siguiente imagen:

Ventana de alta de emisor de facturas en Facturae

 **CONSEJO**

No olvides rellenar todos los campos y a continuación darle al botón **Guardar.** No pasa nada si te equivocas en algún dato una vez guardado, puedes editarlo aquí:

4. Gestión de receptores

👉 HILO CONDUCTOR

Tal y como hizo con la gestión de emisores, ahora a Beltrán le toca introducir los datos fiscales de alguno de sus ya clientes. No obstante, también decide incorporar a la base de datos los correspondientes al Ayuntamiento de Chiclana. En un futuro próximo tendrá más fácil abordar la emisión y envío de facturas a un organismo público.

- -

Al igual que hiciste con el alta de un nuevo emisor, en el recuadro justo de al lado está la opción de alta de receptor.

En esta ocasión, y si te fijas bien, verás que aparece una pestaña cuyo nombre es FACe, y aunque ahora está inhibida, estará activa en el momento que hayas remitido alguna factura electrónica a la Administración pública mediante el punto general de entrada de facturas electrónicas (FACe).

La información que te proporcionará esta pestaña es realmente útil, pues permite consultar el estado de tramitación de la factura enviada.

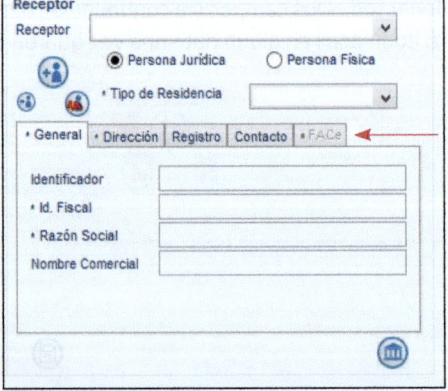

Ventana de alta de receptor de facturas en Facturae

IMPORTANTE

El envío de facturas electrónicas a través de FACe genera un registro administrativo de manera telemática. Esto significa que, al presentar la factura, se crea un apunte con un asiento registral totalmente válido que permitirá posteriormente realizar consultas de las facturas presentadas a cualquier organismo de la Administración pública en tiempo real.

RECUERDA

No olvides que la implantación de un sistema de facturación electrónica o el uso de la factura digital aumenta la competitividad de las empresas; también entre los proveedores a la Administración pública, independientemente del tamaño de estos.

- Crear la factura con: programa comercial / *Facturae*

- Destinatario: oficina contable / órgano gestor / unidad tramitadora

- Envío de la factura a través de FACe / servicios directos *online* * certificado electrónico reconocido

- Consulta del estado de la factura: FACe o al servicio directo

• Para enviar una factura electrónica, lo importantes es poder asegurar que la entrega es fiable y correcta. El envío puede realizarse mediante FACe o cualquier herramienta *online* (solución comercial) homologada por la Administración pública.

5. Conceptos de facturación. Productos y servicios

☞ **HILO CONDUCTOR**

La navegación por la aplicación *Facturae* es fácil e intuitiva, de modo que Beltrán investiga todos los conceptos que puede y debe incluir en los detalles de la factura. Sabe que cuanto mejor se especifique el servicio que presta, más ayudará a evitar algún posible problema.

Ya tienes registrado tanto el emisor como el receptor de la factura dentro la aplicación *Facturae*. Desde ahora puedes cumplimentar los datos de la primera factura accediendo al área denominada ***Detalles de la Factura***, donde deberás incorporar los datos de facturación. Será necesario seguir los siguientes pasos, pero antes debes registrar los datos generales de la factura.

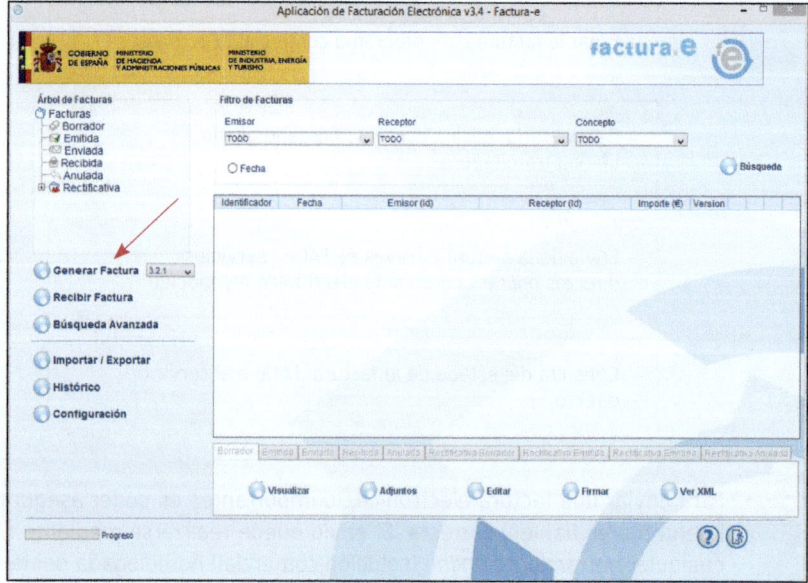

Al hacer clic en **Generar Factura 3.2.1,** pasarás a una ventana donde podrás comenzar a introducir los datos generales de la factura.

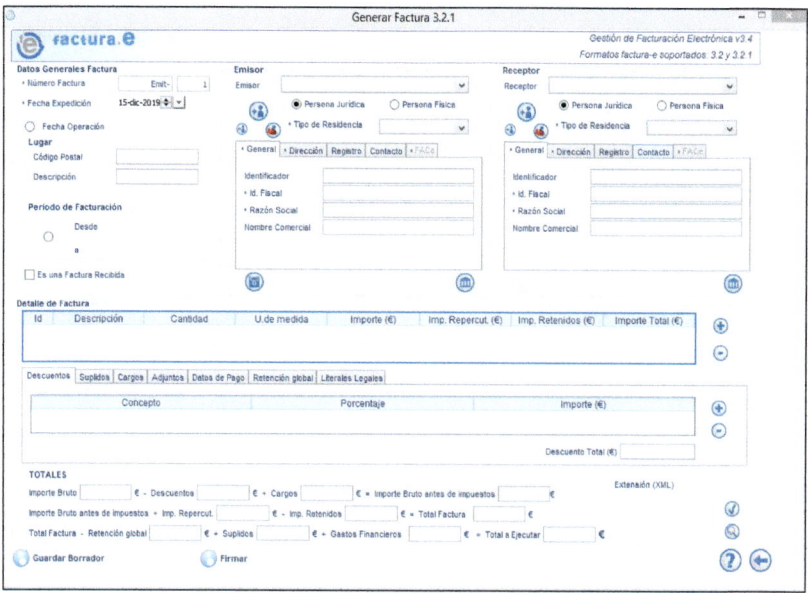

Una vez te encuentres en esta pantalla, tendrás que incluir las dos figuras que protagonizan el objeto facturado:

- El emisor: acreedor de la factura.
- El receptor: el deudor del emisor.

Es posible que el receptor (tu deudor) sea un organismo concreto de la Administración pública; si esto es así, tendrás que hacer clic en la pestaña de **FACe** ubicada dentro del recuadro donde pone "Receptor". Se te abrirá una ventana para obtener los datos administrativos obligatorios para poder facturar a cualquier organismo de la Administración pública:

⊃ Oficina contable.
⊃ Órgano gestor.
⊃ Unidad tramitadora.

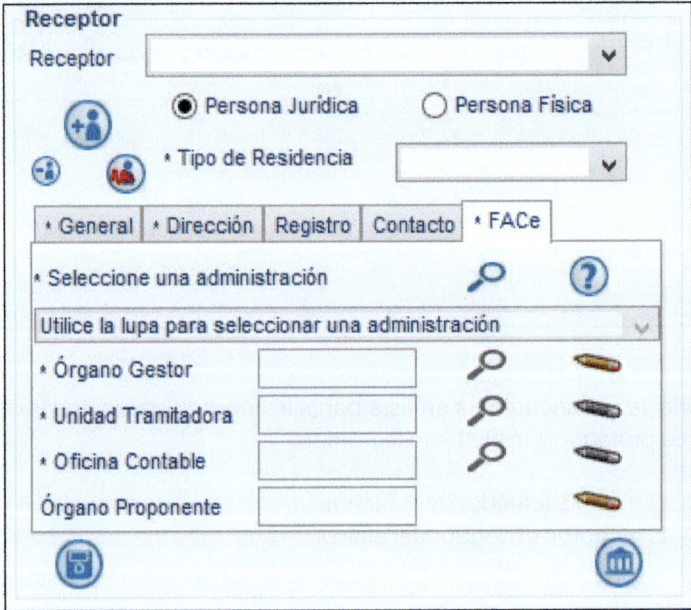

Irás acotando la búsqueda y seleccionado el organismo receptor a través de la lupa. No obstante, es probable que te aparezca un mensaje como el que viene a continuación si previamente no configuraste algunas acciones adicionales en el botón **Configurar.**

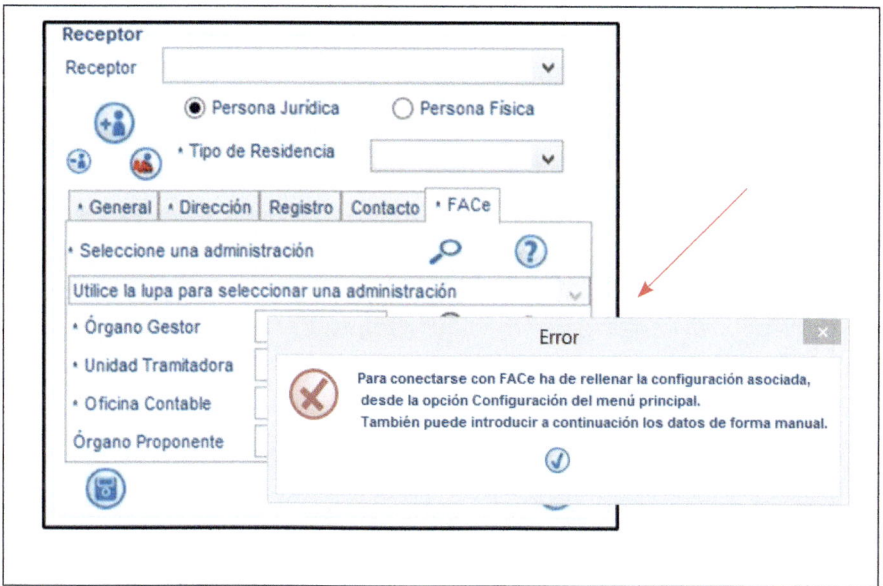

 **NOTA**

Algo más adelante verás cómo has de configurar esta opción u otras adicionales de configuración del programa *Facturae.* Sin embargo, puedes rellenar los tres campos obligatorios de manera manual. Por otra parte, si haces clic en el signo de interrogación, podrás conectar directamente a la página de FACe.

Por otra parte, es posible que te preguntes para qué sirve el botón en forma de "casita" que aparece justo debajo de los apartados de **Emisor** y **Receptor.**

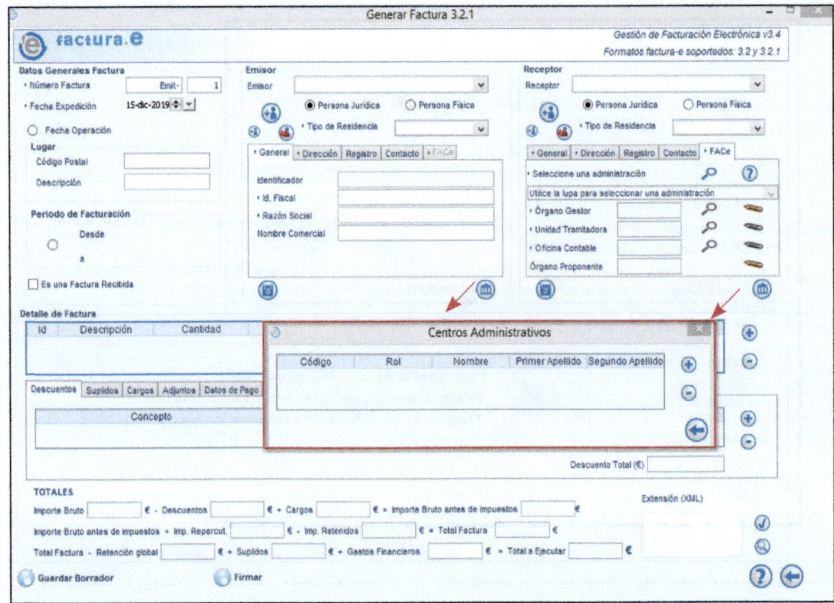

Estos iconos permiten al usuario crear de manera adicional, y si así lo desea, "centros administrativos" para establecer una relación entre emisor y receptor, independientemente de si los receptores son o no de FACe.

Una vez ya seleccionadas las figuras que intervienen en la factura, te dirigirás al apartado de **Detalle de Factura** y comenzarás a describir en el concepto una descripción de lo facturado. Después debes completar todos los apartados asociados:

- ➲ Importe bruto.
- ➲ Descuentos (si los hubiera).
- ➲ Cargos.
- ➲ Importe bruto antes de impuestos, etc.

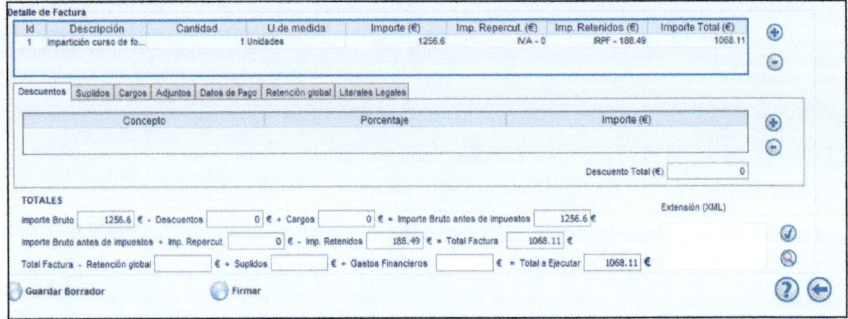

Completados ya los campos de **Detalle de Factura,** puedes ir incorporando información a nivel de línea de detalle:

- ⊃ **Descuentos.**
- ⊃ **Suplidos.**
- ⊃ **Cargos.**
- ⊃ **Adjuntos.**
- ⊃ **Datos de pago.**
- ⊃ **Retención global.**
- ⊃ **Literales legales.**

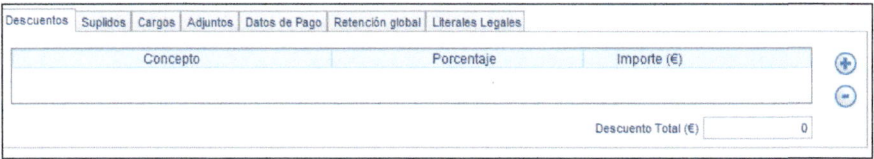

A continuación verás cada línea de detalle y así te familiarizarás con cada uno de los apartados:

- ⊃ **Descuentos:** en caso de existir, la aplicación te pedirá rellenar dos campos de los tres que aparecen: concepto y porcentaje de descuento. El importe lo calcula el sistema de manera automática.

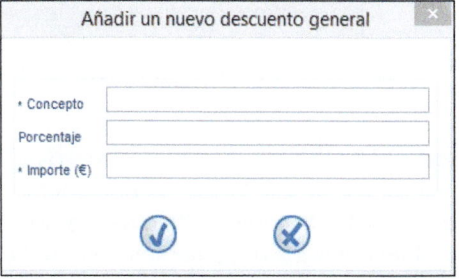

- ⊃ **Suplidos:** en este apartado, debes reflejar los gastos que son facturados por separado porque así lo solicitó expresamente el cliente. Los datos que introducir son los siguientes:

  - ☯ Seleccionar si emisor/receptor son personas físicas o jurídicas.
  - ☯ Tipo de residencia: residente, extranjero o de la Unión Europea.
  - ☯ Identificación fiscal: CIF, NIF.

◑ Importe: cantidad total en euros del suplido.

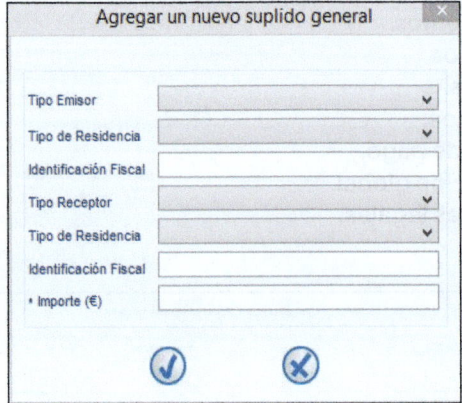

➲ **Cargos:** la forma de rellenar este campo es análoga a la casilla de descuentos.

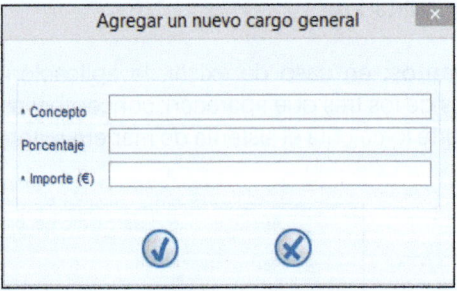

➲ **Adjuntos:** *Facturae* permite adjuntar anexos a la factura. Para ello únicamente habrá que seleccionar el documento almacenado en alguna carpeta del dispositivo informático desde donde estarás generando la factura. Al adjuntar los documentos, te dará la opción de chequear la opción de "Incluir XML"; esto significa que el documento adjunto incorporado estará codificado y tendrá que ser descodificado por el receptor para poder leerlo. Es importante que sepas que el peso máximo de los adjuntos no debe superar los 2 Mb.

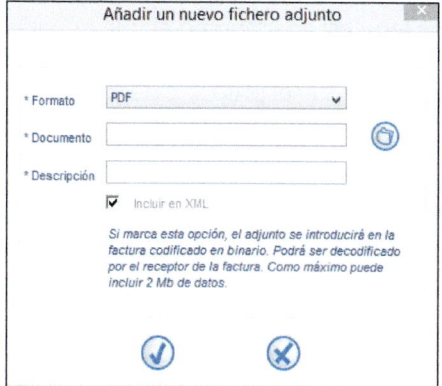

⊃ **Datos de pago:** en este apartado, debe completarse información relativa a los medios de pago empleados (datos bancarios). Esta información debe ser tanto del emisor como del receptor (cuenta de abono y cuenta de cargo). También habrá que rellenar los siguientes campos:

- Fecha de vencimiento.
- Medio de pago: seleccionar de la lista el elegido (al contado, recibo, transferencia, recibo domiciliado, etc.).
- Referencia de pago.
- Importe.

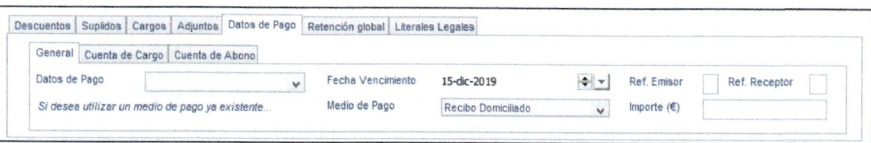

Una vez que rellenaste los datos de pago se genera la información de tal manera que quedan incorporados al programa para facilitar nuevas facturaciones facilitando un ahorro de tiempo. Puedes también modificarlos o emplear otros en caso de ser necesario.

⊃ **Retención global:** esta opción permite aplicar una retención global al importe total indicado en la factura mediante la incorporación de un porcentaje o bien indicando directamente el importe a retener.

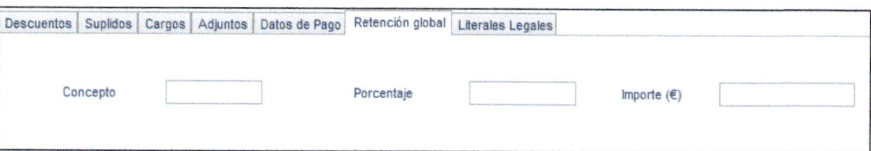

➲ **Literales legales:** apartado en el que deberás informar seleccionando las opciones si han existido donaciones, subvenciones, etc. También puedes personalizar el texto si lo deseas.

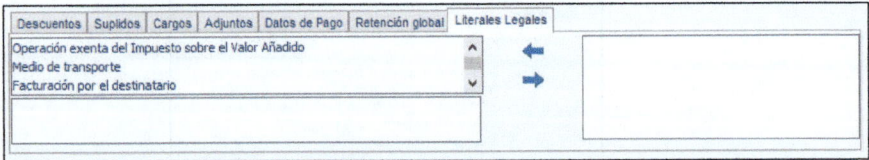

6. Configuraciones adicionales

☞ HILO CONDUCTOR

Beltrán quiere conocer hasta qué punto el programa *Facturae* le permitirá configurar algunos datos adicionales. Entre estas configuraciones están la incorporación de su logotipo, añadir su correo electrónico corporativo y otras cuestiones obligadas por la ley, para así él no tener que volverlo a hacer cada vez que hace una nueva generación de factura y su posterior envío.

Aunque un programa de facturación electrónica comercial ofrece mayor versatilidad, *Facturae* también admite configuraciones adicionales que sirven para personalizar la factura digital. Para conseguir este propósito tendrás que acceder pulsando el botón donde pone **Configuración** de la pantalla inicial.

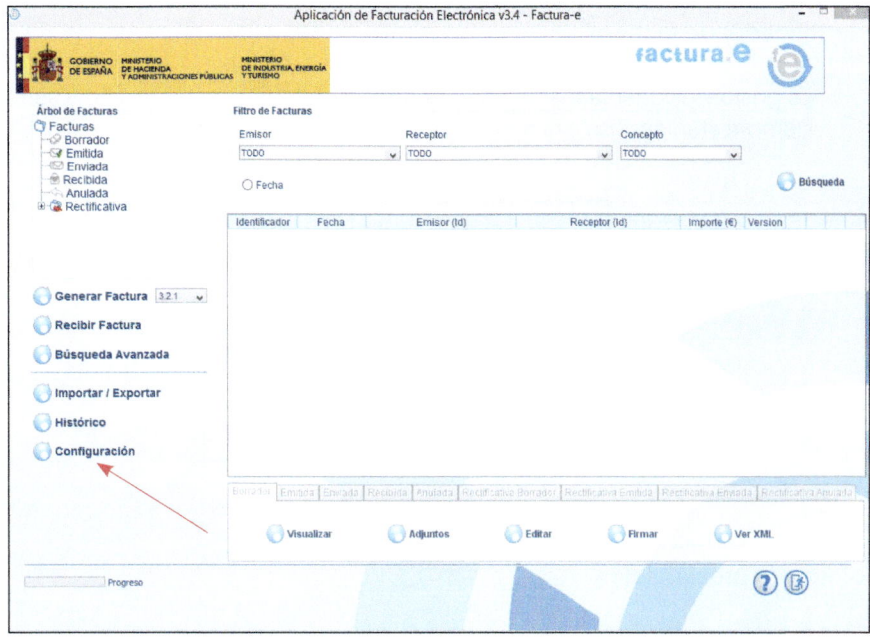

Pantalla de acceso a la configuración de la aplicación Facturae

¿Cuáles son las acciones que podrás realizar?

Una factura electrónica debe contener el logo que identifique fácilmente al emisor. *Facturae,* por tanto, es una aplicación que permite cierto grado de personalización. Pero también hay otros campos que pueden estar reflejados y que facilitan la gestión de la facturación.

Definición del logo y configuración FACe

Posibilita la incorporación de una imagen (logo) desde cualquier carpeta o nube. También te da acceso a configurar FACe seleccionando el certificado de firma reconocido (puedes tener varios descargados correspondientes a diferentes empresas o personas físicas). El certificado seleccionado es el que firmará las facturas generadas. Además, puedes asignar una contraseña para comunicarte de manera más segura con FACe y confirmar operaciones.

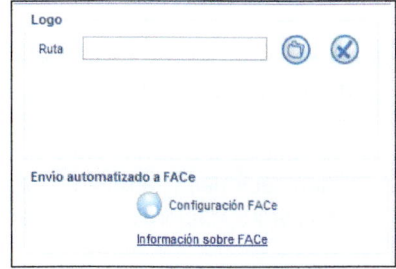

Identificador de facturas

Es posible asignar la manera de nombrar las facturas (número, año y serie) siempre ateniéndose a la normativa general de facturación.

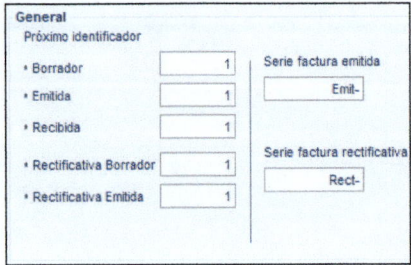

Idioma de presentación

Facturae da la opción de seleccionar el idioma de la aplicación: castellano, euskera, gallego, catalán o inglés.

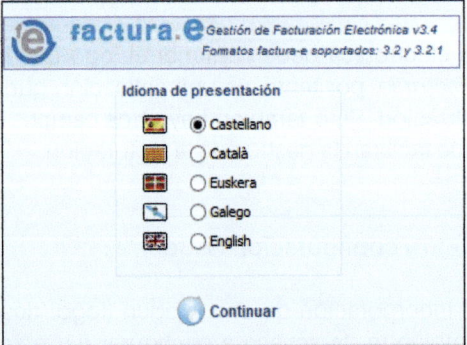

Información del correo electrónico y *proxy*

Permite especificar el correo corporativo a través del cual establecer las comunicaciones y también el *proxy,* aumentando la seguridad, velocidad de las comunicaciones y otras ventajas añadidas.

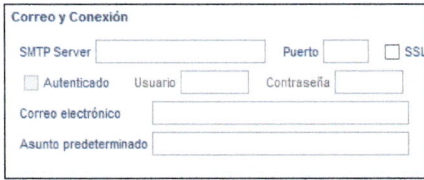

Extensiones

Aunque es importante no configurar esta pestaña si no se poseen conocimientos básicos de cómo es la estructura de un fichero XML, es posible
configurar los bloques de información que se abren y se cierran de manera
interna a través de etiquetas. Esto haría posible seleccionar qué bloque de
información aparecerá en el archivo XML y cuáles no.

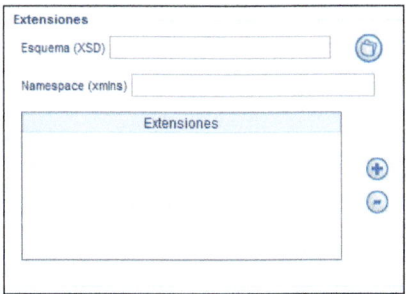

OCSP

Es posible verificar la validez de una firma tanto en la emisión como en la recepción de una factura. En este apartado es posible proporcionar los datos
de la autoridad de validación para así poder chequear que los certificados
de firma reconocidos son aún válidos.

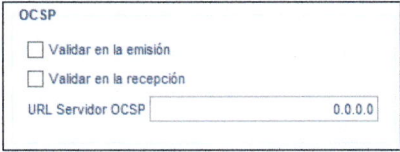

7. Borradores de facturas. Facturas proforma

👉 HILO CONDUCTOR

Ha llegado el momento de generar una factura sin el miedo de errar por primera vez. Beltrán tiene la oportunidad ahora de utilizar "Guardar en borradores"; de esta manera, podrá comprobar si todo va bien. También le servirá esta opción para adelantar trabajo en un futuro, rellenar los campos de una factura y dejarla en *standby* hasta que llegue el momento de enviarla a su destinatario.

Una vez que has conseguido introducir los datos necesarios de la factura electrónica en cada uno de los campos vistos en pantallas anteriores, podrás crear un borrador simplemente pulsando en **Guardar Borrador.**

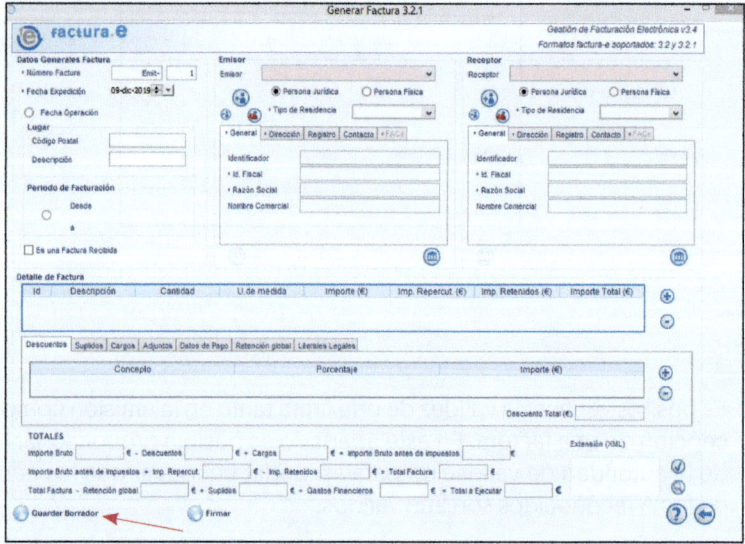

Ventana para la acción de guardar en borradores una factura registrada con Facturae

 **IMPORTANTE**

La factura proforma es un presupuesto dado al cliente pero con la intención de que este cuente con información detallada de una posible futura compra. Al tratarse de una factura provisional que ofrece los detalles de una futura acción comercial, no cuenta con valor contable ni tampoco servirá de justificante, así que no se enumerará, y tampoco firmará, a no ser que el cliente lo demande explícitamente. No obstante, es posible hacer uso del borrador para mantenerla guardada en el sistema.

Gracias al borrador podrás almacenar la información y datos incorporados para ese momento u otro posterior, y realizar las siguientes acciones:

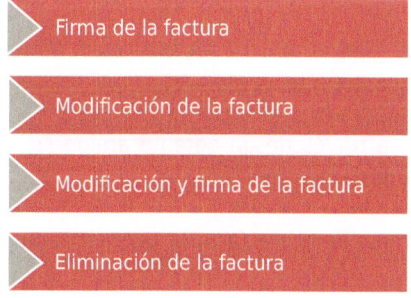

Firma de la factura

Modificación de la factura

Modificación y firma de la factura

Eliminación de la factura

 **IMPORTANTE**

Aunque el concepto utilizado en todas estas acciones es el de "factura", realmente un borrador no es técnicamente una factura, sino un documento a la espera de serlo mediante la acción de la firma por medio del certificado de firma electrónica.

CONSEJO

Si por cualquier motivo has olvidado rellenar algún campo obligatorio, al hacer clic en **Guardar Borrador** te saldrá un mensaje en color rojo, indicándote qué dato te ha faltado por cumplimentar. Si todo está correcto, tendrás automáticamente generado el borrador de la factura con un registro individual o nodo que permitirá identificarla en cualquier momento.

8. Emisión de facturas

👉 **HILO CONDUCTOR**

Aunque Beltrán todavía no va a facturar electrónicamente, sí quiere conocer todos los detalles posibles para saber cómo será el proceso de envío de una factura digital. Llegado a este punto prefiere parar, ya que conocerá los siguientes pasos a través de un gerente amigo suyo que lleva algún tiempo haciendo estas gestiones con *Facturae*.

¿Se animará pronto Beltrán a facturar telemáticamente?

Aunque la opción de **Guardar Borrador** es muy práctica, pues permite posponer la firma y realizar todo tipo de cambios antes de la firma, es cierto que si lo deseas puedes directamente firmar la factura sin necesidad de haberla guardado en borrador.

En este momento, tras hacer clic en el botón **Firmar,** emergerá una nueva ventana donde te obligará a seleccionar un certificado digital de todos los que pudieras tener descargados en tu ordenador.

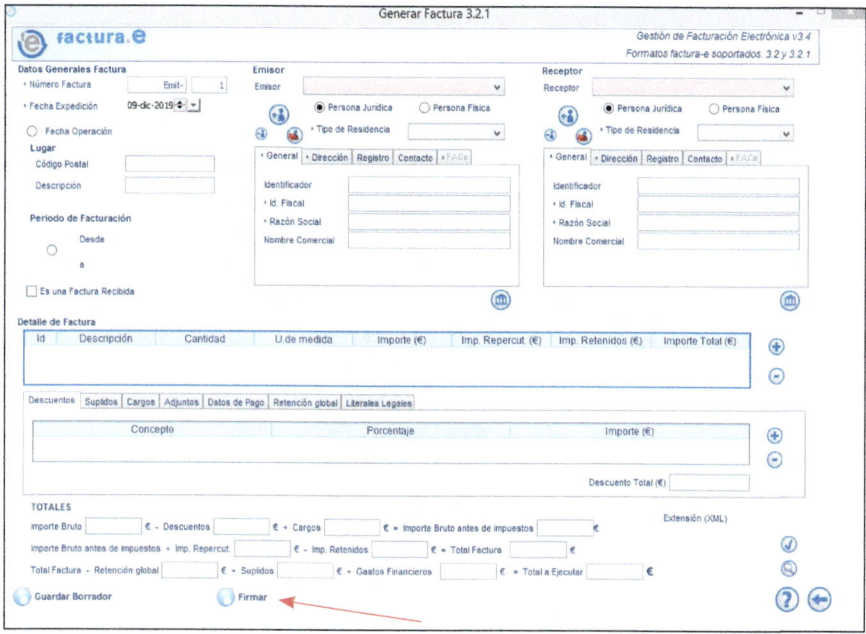

Ventana de acceso al botón de firma de la factura generada con Facturae

Tras este paso, el documento generado se convertirá automáticamente en una factura electrónica y quedará en situación de espera hasta que de nuevo decidas qué hacer con ella:

- Las acciones que puedes realizar con una factura ya emitida son las siguientes:
    - Mantenerla almacenada.
    - Ser enviada a través de correo electrónico o FACe si el destinatario es un organismo público.
    - Rectificarla.

 **VÍDEO**

Este tutorial muestra todos los pasos necesarios para generar y enviar una factura con *Facturae*. Previamente han sido descargados dos programas: *Facture* y *Autofirma* (aplicación de firma proporcionada por el Ministerio que permite la firma de documentos a través del certificado de firma reconocido).

https://redirectoronline.com/adgg022po0401

9. Envío de facturas

☞ **HILO CONDUCTOR**

Beltrán acuerda con el gerente de la empresa vecina poder enseñarle el sencillo trámite de envío de las facturas utilizando el programa *Facturae*. A Beltrán lo que más le preocupa es cómo deberá proceder si comete algún error propio de principiantes.

Para enviar una factura electrónica a través de FACe, es necesario validar previamente el esquema XML con las herramientas proporcionadas por el sistema. Una vez enviada, el sistema generará un asiento registral que podrá ser consultado en tiempo real.

Por tanto, una vez firmada la factura, se activará la opción de **Envío**.

IMPORTANTE

La opción de Envío es exclusiva para los siguientes estados del documento:

- Facturas emitidas (firmadas).
- Facturas rectificativas emitidas.
- Facturas enviadas.
- Facturas rectificativas enviadas.

Antes del envío, tendrás que seleccionar de la lista la factura que vas a enviar o reenviar y posteriormente, si el destinatario no es un organismo público, con *Facturae* tendrás la opción de enviar la factura a través del correo electrónico.

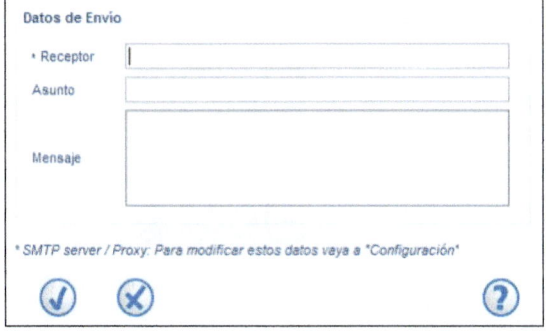

Ventana de opción de Facturae para el envío de facturas mediante correo electrónico

En caso de que la facturación sea para la Administración pública, se enviará a través de FACe. No obstante, sea cual sea el destinatario, el último paso para el envío es hacer clic en el botón de **Aceptar.**

NOTA

Tanto el estado de la factura emitida como la rectificativa emitida pasará a ser "factura enviada" y, aunque cambia el nodo, su identificador seguirá siendo el mismo.

IMPORTANTE

Es posible anular el envío de una factura desde esta misma pantalla si haces clic en la opción **Cancelar,** y si por cualquier motivo no pudiera ser efectivo el envío de la factura (fallo en la plataforma FACe), es posible recuperar las facturas firmadas desde el directorio y enviarlas externamente siempre que se especifique algún motivo en el campo habilitado para ello. Para anular la factura en FACe será necesario introducir la contraseña configurada en la aplicación.

- -

VÍDEO

Este tutorial te ayudará a visionar cómo es el proceso de envío de facturas generadas en *Facturae* y remitidas a FACe. Presta atención a todos los detalles.

https://redirectoronline.com/adgg022po0402

- -

10. Rectificación de facturas

  HILO CONDUCTOR

Gustavo es el contable de la empresa vecina que ha tenido a bien mostrarle cómo es la gestión básica para el envío de facturas. Ante las dudas que plantea Beltrán, Gustavo le responde muy amablemente y le explica cómo han de tramitarse las posibles rectificaciones.

- -

El proceso de **rectificación de facturas** electrónicas es exclusivo para **facturas emitidas** y **facturas enviadas.** Para ello simplemente hay que buscar en el listado la factura objeto de rectificación y hacer clic en la pestaña **Rectificar.** Hecho esto, emergerá una pantalla de visualización de los datos informativos de la factura pero con la opción de ser rectificadas.

Cuando hayas procedido a hacer las modificaciones oportunas sobre la factura seleccionada, tendrás únicamente dos opciones:

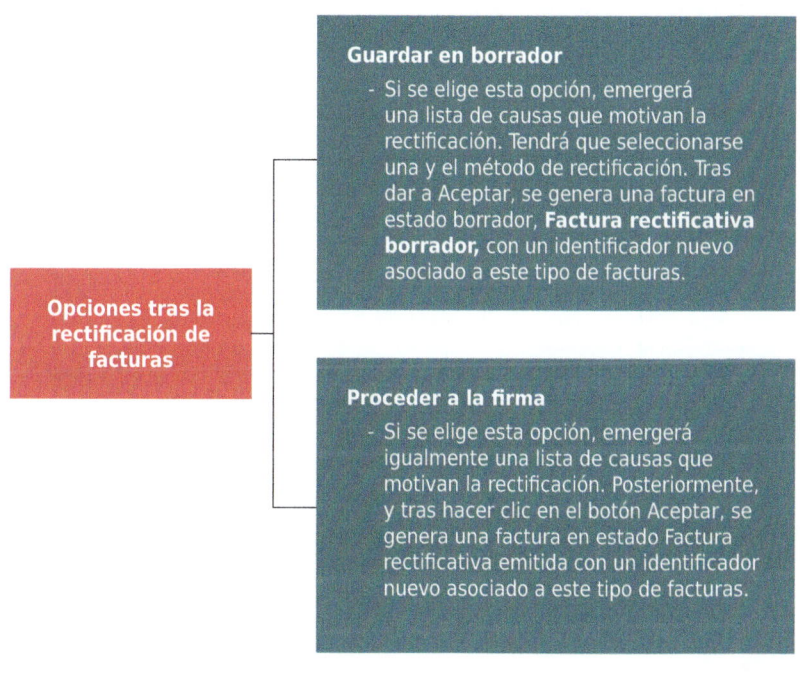

Opciones tras la rectificación de facturas

Guardar en borrador

- Si se elige esta opción, emergerá una lista de causas que motivan la rectificación. Tendrá que seleccionarse una y el método de rectificación. Tras dar a Aceptar, se genera una factura en estado borrador, **Factura rectificativa borrador,** con un identificador nuevo asociado a este tipo de facturas.

Proceder a la firma

- Si se elige esta opción, emergerá igualmente una lista de causas que motivan la rectificación. Posteriormente, y tras hacer clic en el botón Aceptar, se genera una factura en estado Factura rectificativa emitida con un identificador nuevo asociado a este tipo de facturas.

NOTA

Para ambos casos la factura original objeto de la rectificación permanecerá intacta en su campo o nodo correspondiente.

IMPORTANTE

Es posible visualizar las rectificaciones en la pestaña de Información de rectificación, siempre y cuando sean:

* Facturas rectificativas borradores.
* Facturas rectificativas emitidas.
* Facturas rectificativas enviadas.

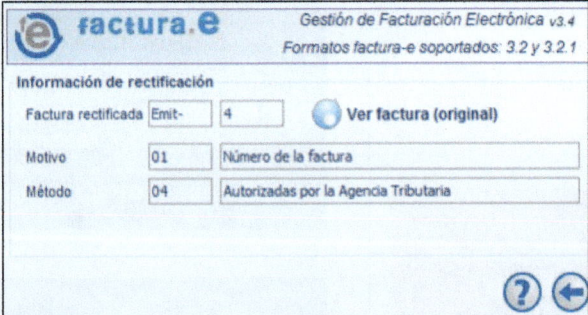

Visualización de la información de facturas rectificadas en Facturae

IMPORTANTE

El proceso de edición de facturas electrónicas es exclusivo para borradores y rectificativas borradores. Para ello simplemente hay que buscar en el listado la factura objeto de edición y hacer clic en la pestaña Editar. Hecho esto, emergerá una pantalla de visualización de los datos informativos de la factura pero con la opción de ser editables.

APLICACIÓN PRÁCTICA

Carlos ha equivocado un dato de la factura electrónica que ha generado. La factura objeto está bajo el identificador de "borrador", pero anda algo liado y no sabe muy bien si puede editarla o por el contrario rectificarla. ¿Podrías ayudar a Carlos con la decisión y darle una pequeña explicación?

Solución

La rectificación es exclusiva para facturas en estado de "emitidas" o "enviadas". En ningún caso podría realizar, por tanto, una rectificación, ya que está en estado borrador.

---

11. Recepción de facturas

HILO CONDUCTOR

Ahora que ya está todo claro, Beltrán cada vez está más ilusionado en poder manejar pronto el programa para facturar *online*. Gustavo ahora le explica cómo ha de actuar cuando, en vez de emitir y enviar factura, le toca recibir una.

El proceso de **recepción de factura** con la aplicación *Facturae* es bien sencillo. Se trata simplemente de incorporar el fichero recibido (factura) en la aplicación accediendo a través del botón **Recibir factura.**

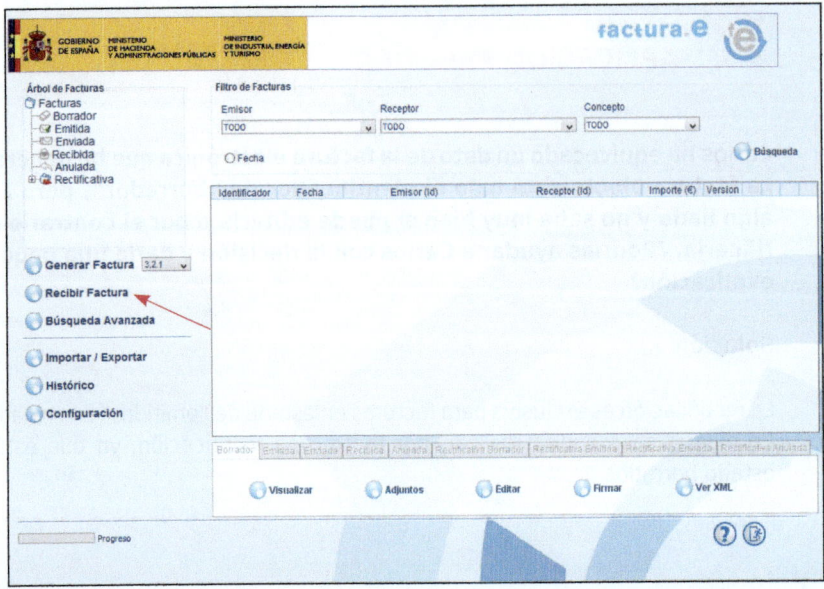

Acceso a la recepción de facturas con Facturae

Una vez pulsado el botón **Recibir Factura,** se abre una ventana en la que tendrás que acceder a la ruta para localizar el fichero y poder importarlo. Una vez seleccionado, al pulsar **Recibir,** tras unos segundos, se mostrará información en los campos que muestra la siguiente imagen:

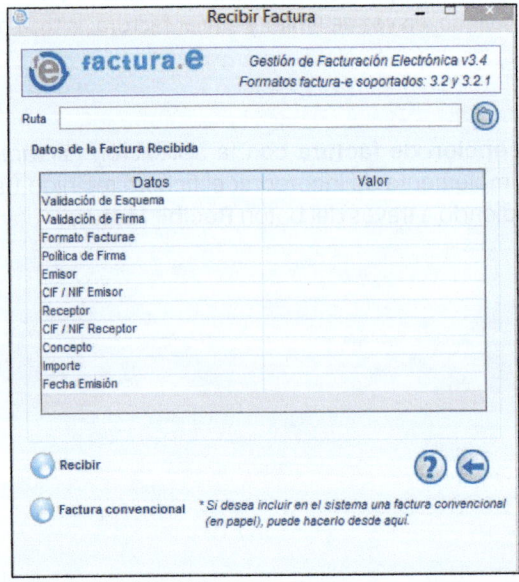

Campos informativos de factura recibida con Facturae

IMPORTANTE

La aplicación dará por recibida la factura cuando en los datos de esta haya al menos estas tres validaciones:

- Validación de esquema.
- Validación de firma.
- Validación contable.

CONSEJO

Si en este proceso de recepción de facturas se te presenta algún problema, no olvides confirmar que el fichero importado cuenta con la extensión XML o, en su caso, la de XSIG (admitidos por *Facturae*). También la causa del problema puede ser que el proceso de recepción se interrumpa al comprobar la aplicación que el fichero no tiene las tres validaciones necesarias: esquema, firma y contable.

ACTIVIDAD COMPLEMENTARIA

4. Aunque con la recepción de facturas en *Factuare* es posible dar por válida o no la factura recibida, existen otros métodos para visualizar la firma de una factura enviada telemáticamente.

   En función de esto, investiga qué otra fórmula está a disposición de los usuarios para saber si el certificado de firma electrónica con el que está firmada una factura es válido.

---

12. Visualización e impresión

☞ HILO CONDUCTOR

Parece que todos los procesos son bien sencillos. Gustavo le ha explicado todos y cada uno de los detalles de esta interesante aplicación a Beltrán, e incluso le informa que cualquier factura puede ser consultada y visualizada independientemente del estado en el que se encuentre. Además, y aunque Gustavo no es partidario de gastar papel innecesario, también se ve en la obligación de explicarle a Beltrán cómo ha de hacer si desea imprimir las facturas en papel.

- -

Podrás visualizar e imprimir facturas con formato *Facturae*. Estos procesos están permitidos para todas las facturas que el programa tiene registradas y aparecen en el listado de facturas, independientemente del estado en el que se encuentren.

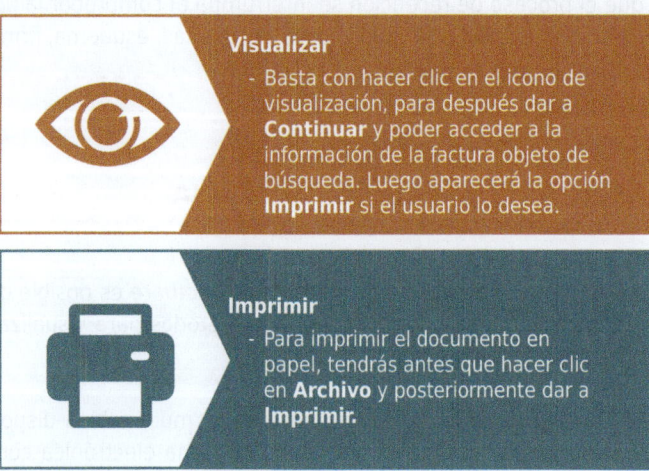

Visualizar
- Basta con hacer clic en el icono de visualización, para después dar a **Continuar** y poder acceder a la información de la factura objeto de búsqueda. Luego aparecerá la opción **Imprimir** si el usuario lo desea.

Imprimir
- Para imprimir el documento en papel, tendrás antes que hacer clic en **Archivo** y posteriormente dar a **Imprimir.**

NOTA

Para el caso de que quieres visualizar las facturas enviadas a FACe, tendrás que acceder pinchar en el icono de interrogación que aparecerá justo al lado de cada

Continúa en página siguiente >>

<< Viene de página anterior

factura. De este modo, la información proporcionada te indicará el estado y la situación de la factura en el sistema FACe.

- -

13. Búsqueda

☞ HILO CONDUCTOR

Para ponerle un sencillo ejemplo a Beltrán de cómo debe proceder para visualizar los detalles de cualquier factura recogida en el sistema *Facturae*, Gustavo le indica que, mediante la búsqueda avanzada, podrá localizar más fácilmente cualquier registro creado y así acceder para ver toda la información que contiene el archivo y poder incluso en algunos casos editarla.

- -

La aplicación FACe posibilita la **búsqueda avanzada** de facturas desde el área de funcionalidad general de la pantalla principal. Para proceder a ello, basta con informar al sistema bajo algún criterio de búsqueda. Por ejemplo:

Datos de la factura
- Por identificador, por estado, por concepto, por importe, por fecha o intervalo de fechas.

Datos del emisor
- Por persona física o jurídica, por identificador, por estado, por concepto, por importe, por fecha o intervalo de fechas.

Datos del receptor
- Por persona física o jurídica, por identificador, por estado, por concepto, por importe, por fecha o intervalo de fechas.

Combinación de criterios
- Búsqueda similar a las anteriores.

 **CONSEJO**

También puedes realizar la búsqueda desde el botón **Histórico** que aparece en el cuadro de funcionalidad general de la pantalla principal. Desde este apartado es posible acceder a un listado de últimas operaciones y las facturas asociadas en caso de existir todas esas acciones.

14. Generación de libro de IVA

👉 **HILO CONDUCTOR**

También es muy importante indicarle a Beltrán que existe la posibilidad de generar el libro de IVA directamente desde este programa informático. En caso de tener que presentar a Hacienda este documento obligatorio, podrá disponer de manera sencilla de un PDF donde ha quedado registrada toda la facturación.

Recientemente, se ha publicado una nueva orden que informa sobre las modificaciones relacionadas con los libros fiscales cuyo uso es obligatorio. En este sentido la aplicación *Facturae* ayuda notablemente, ya que permite la generación del libro de IVA desde el propio programa. La fórmula es muy sencilla: solo tienes que dar los siguientes pasos:

- Establece criterios de búsqueda de facturas emitidas

- Haz clic en **Búsqueda**

- Pulsa en el botón **Generar libro de IVA**

- Descarga el listado en PDF

⊕ PARA SABER MÁS

Si quieres conocer todas las novedades relacionadas con los nuevos registros obligatorios, no dejes de entrar y leer el siguiente artículo de David Ballester:

https://redirectoronline.com/adgg022po0403

15. Exportación e importación de facturas

👉 HILO CONDUCTOR

Son tantas las facilidades que proporciona *Facturae,* que hasta a Gustavo se le olvidaba comentarle a Beltrán que desde hoy mismo él podrá volcar al programa la base de datos de su negocio. Esto le permitirá un gran ahorro de tiempo.

Por otra parte, *Facturae* proporciona otra interesante funcionalidad que permite intercambiar información entre diferentes aplicaciones de este programa a través de **ficheros FEDB.**

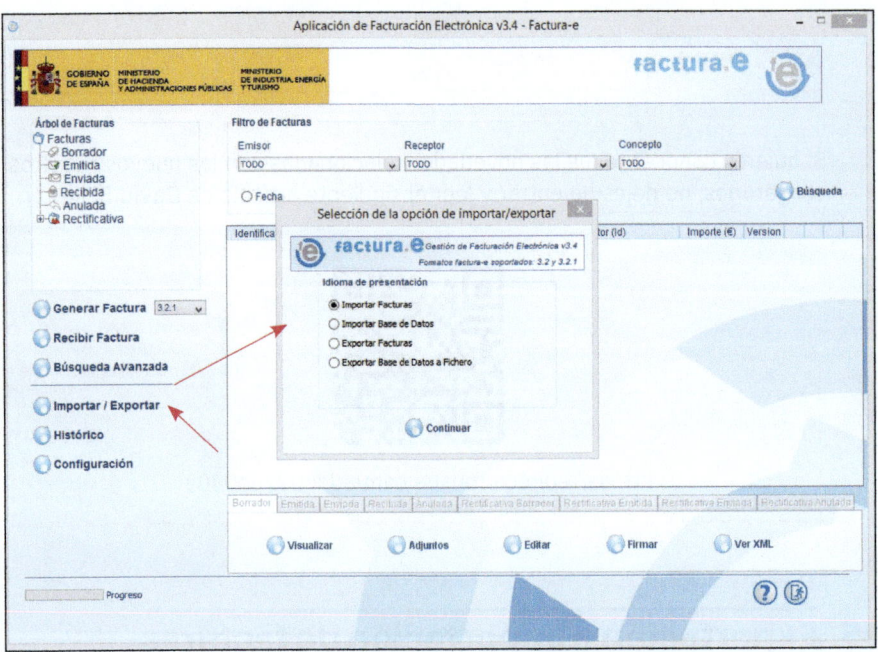

Acceso a las funcionalidades de importar/exportar facturas, base de datos con Facturae

NOTA

Los archivos con **extensión FEDB** son aquellos que contienen toda la información que está almacenada en una base de datos.

IMPORTANTE

Gracias a estas funcionalidades, es posible por ejemplo incorporar una base de datos externa a la propia aplicación de *Facturae*. Con esto se evitaría un enorme gasto de tiempo en introducir uno a uno los datos de los que dispone una empresa para facturar (clientes y proveedores) y cuya fórmula de facturación siempre ha sido hasta el momento la tradicional. También permite, entre otras acciones, exportar todas y cada una de las facturas emitidas organizadas por carpetas.

16. Ficheros XML *Facturae*

☞ HILO CONDUCTOR

Antes de terminar con la *masterclass*, Gustavo, como curiosidad, le enseña a Beltrán la información que contiene un fichero XML de *Facturae*. La intención es poderle mostrar cómo confirmar la validez de un certificado con el que se ha firmado una factura tanto emitida como recibida.

- -

Finalmente, y para concluir con esta unidad, no está de más conocer cómo acceder al formato XML de las facturas desde la propia aplicación *Facturae*.

En la pantalla inicial del programa, dispones de un botón **Ver XML** que te permitirá acceder a la estructura de la factura bajo el formato XML.

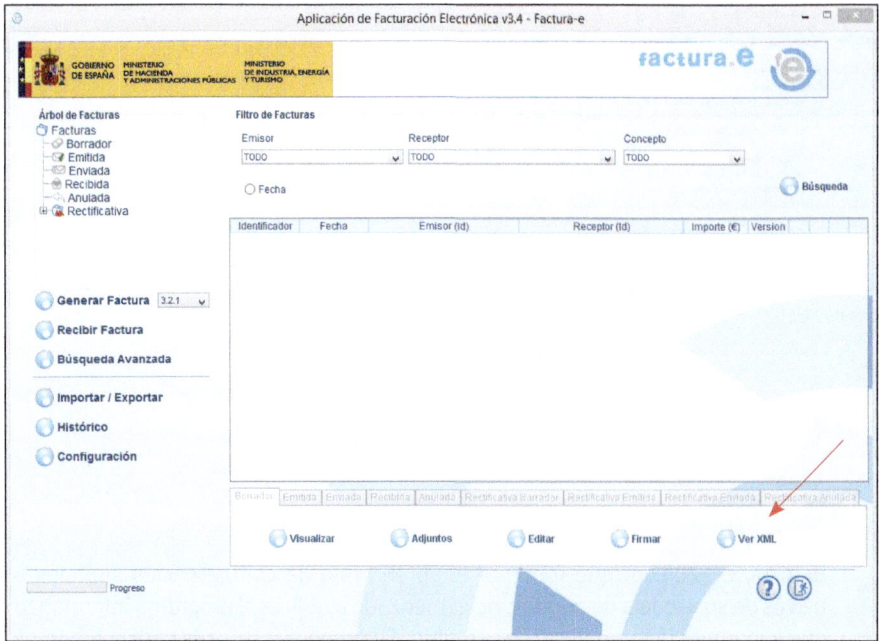

Acceso a visualización del formato XML Facturae

Al hacer clic en el botón de referencia, podrás obtener una imagen como la que muestra el siguiente ejemplo.

EJEMPLO

El formato XML de la siguiente factura proporciona toda la información asociada a dicha factura. De alguna manera, se trata del mejor comprobante para poder explorar mediante un lenguaje informático más entendible a ojos del ser humano si el comprobante electrónico es completamente válido.

```xml
<?xml version="1.0" encoding="UTF-8" ?>
- <fe:Facturae xmlns:ds="http://www.w3.org/2000/09/xmldsig#" xmlns:fe="http://www.facturae.es/Facturae/2009/v3.2/Facturae">
  - <FileHeader>
      <SchemaVersion>3.2</SchemaVersion>
      <Modality>I</Modality>
      <InvoiceIssuerType>EM</InvoiceIssuerType>
    - <Batch>
        <BatchIdentifier>A9988772344</BatchIdentifier>
        <InvoicesCount>1</InvoicesCount>
      - <TotalInvoicesAmount>
          <TotalAmount>50.00</TotalAmount>
        </TotalInvoicesAmount>
      - <TotalOutstandingAmount>
          <TotalAmount>50.00</TotalAmount>
        </TotalOutstandingAmount>
      - <TotalExecutableAmount>
          <TotalAmount>50.00</TotalAmount>
        </TotalExecutableAmount>
        <InvoiceCurrencyCode>EUR</InvoiceCurrencyCode>
      </Batch>
    </FileHeader>
  - <Parties>
    - <SellerParty>
      - <TaxIdentification>
          <PersonTypeCode>J</PersonTypeCode>
          <ResidenceTypeCode>R</ResidenceTypeCode>
          <TaxIdentificationNumber>A99887723</TaxIdentificationNumber>
        </TaxIdentification>
      - <LegalEntity>
          <CorporateName>Bakgammon Games</CorporateName>
        - <AddressInSpain>
            <Address>C/ Mayor 211</Address>
            <PostCode>28001</PostCode>
            <Town>Madrid</Town>
            <Province>Madrid</Province>
            <CountryCode>ESP</CountryCode>
          </AddressInSpain>
        - <ContactDetails>
            <Telephone>91562553</Telephone>
            <TeleFax>91562554</TeleFax>
            <ContactPersons>Manolo y Juanito</ContactPersons>
            <INETownCode>0199op</INETownCode>
```

Formato XML

TAREA 4

Beltrán, el profesor que fomenta el aprendizaje de competencias digitales a través de su escuela de adultos, ha comenzado a utilizar el programa informático que le permite facturar electrónicamente. Su primera factura es para la empresa vecina cuyo contable le enseñó el funcionamiento de la aplicación. Beltrán emite y envía la factura, pero comete el error de equivocarse en el concepto con la

Continúa en página siguiente >>

<< Viene de página anterior

descripción. ¿Podrá editar el concepto de la factura que Gustavo ha recibido? Parece que está teniendo algún problema.

Basándote en estos datos, ayuda a Beltrán a cómo debe gestionar el programa de facturación electrónica a fin de darle la solución que necesita.

----

17. Resumen

La gestión básica de la facturación electrónica con la aplicación *Facturae* engloba diferentes funcionalidades para quien emite y recibe facturas electrónicas, no solo aquellas relacionadas con la Administración pública, sino también las que vayan a ser enviadas a empresas o clientes.

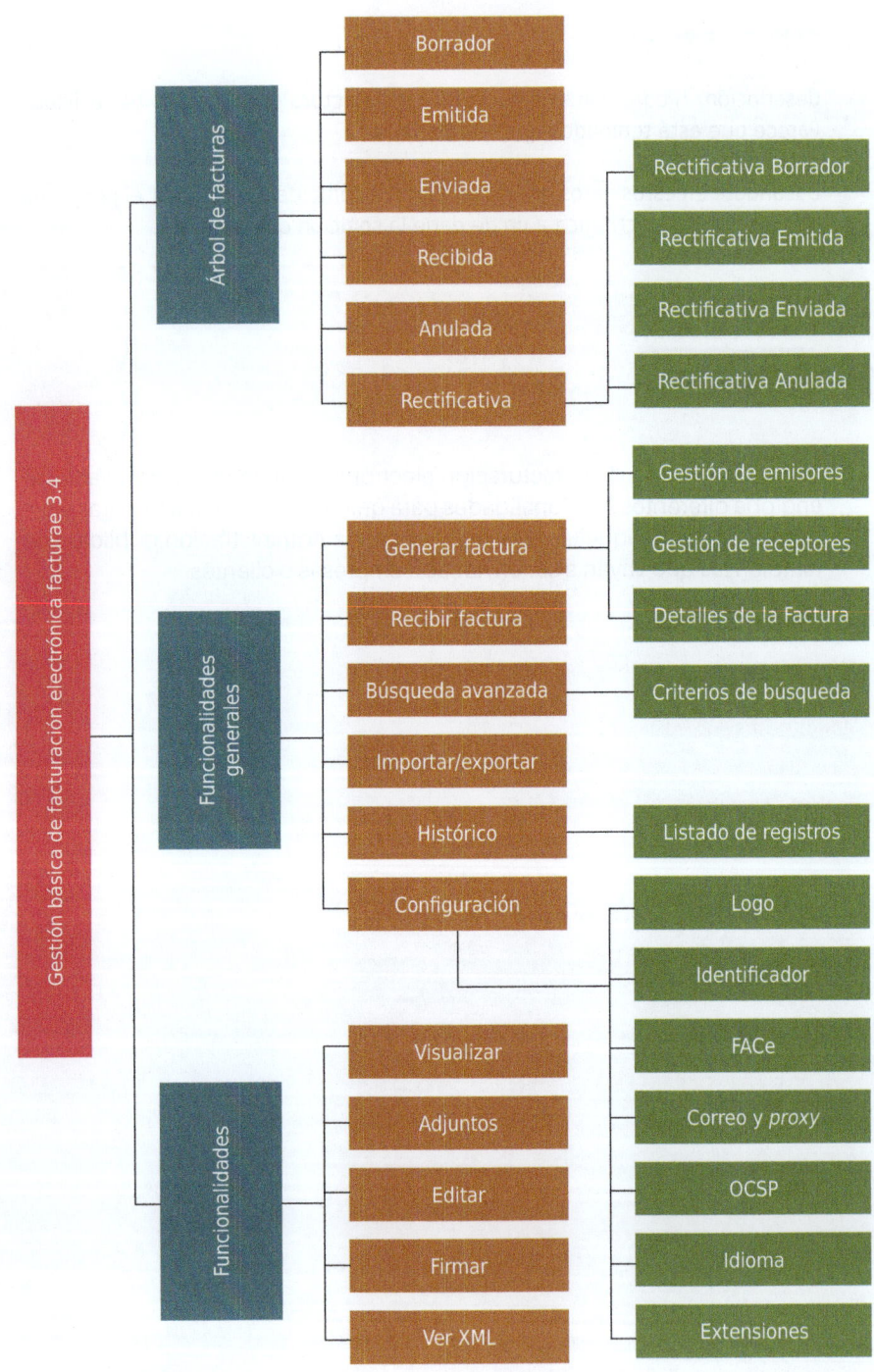

Ejercicios de autoevaluación
Unidad de Aprendizaje 4

1. Indica si las siguientes afirmaciones son verdaderas o falsas:

a. Una de las medidas de impulso para la facturación electrónica puesta a disposición de cualquier agente económico, ya sea empresa, negocio o profesional autónomo, es el programa específico de facturación electrónica llamado *Facturae*.

- ■ Verdadero
- ■ Falso

b. Una única versión de *Facturae* es válida para todos los sistemas operativos.

- ■ Verdadero
- ■ Falso

c. No hace falta descargar *Facturae*, ya que es una solución *online* a la que se accede desde el navegador.

- ■ Verdadero
- ■ Falso

2. El árbol de facturas da acceso a...

a. ... la pestaña para generar la factura.
b. ... la pestaña para configurar acciones adicionales.
c. ... la pestaña para importar o exportar una factura.
d. ... un listado de facturas en diferentes estados.

3. Para generar una nueva factura con *Facturae*, es necesario acceder por...

a. ... el área de árbol de facturas.
b. ... el área de funcionalidad general.
c. ... el área de funcionalidad.
d. ... el apartado de configuraciones.

4. En el área de funcionalidad, es posible...

    a. ... visualizar y firmar una factura.
    b. ... adjuntar documentos o anexos y editar los detalles de una factura.
    c. ... ver el formato XML de una factura.
    d. Todas las opciones son correctas.

5. Para dar de alta el emisor de una primera factura, hay que acceder por el botón de...

    a. ... Generar factura.
    b. ... Configuración.
    c. ... Editar.
    d. ... Importar/exportar.

6. La pestaña de FACe permite...

    a. ... conocer el estado de la factura emitida a la Administración pública.
    b. ... acceder a la comunicación con el sistema FACe.
    c. ... conocer el asiento registral generado por la factura enviada.
    d. Todas las opciones son incorrectas.

7. La configuración de datos adicionales de *Facturae* permite...

    a. ... enviar la factura.
    b. ... editar un borrador.
    c. ... determinar la fecha de envío de una factura.
    d. ... añadir el logo de la empresa emisora de la factura.

8. La factura proforma es:

    a. Un documento con valor contable.
    b. Una factura electrónica.
    c. La factura que ofrece los detalles de una posible actividad comercial.
    d. Una factura rectificada.

9. **Antes de enviar una factura electrónica es necesario...**

   a. ... firmarla.
   b. ... guardarla en borrador.
   c. ... editarla.
   d. ... confirmar el idioma de presentación.

10. **La opción de envío de una factura electrónica es exclusiva de...**

    a. ... facturas emitidas.
    b. ... facturas rectificativas emitidas.
    c. ... facturas enviadas y rectificativas enviadas.
    d. Todas las opciones son correctas.

Herramientas avanzadas

Contenido

Objetivos

El objetivo general de esta Unidad de Aprendizaje es:

→ Conocer la normativa de facturación electrónica relacionada con las obligaciones de conservación y almacenaje de las facturas, tanto telemáticas como de papel, a fin de no incumplir lo estipulado por la ley en cuanto a las obligaciones de los expedidores y receptores de facturas en este aspecto.

Los objetivos específicos de esta Unidad de Aprendizaje son:

→ Distinguir los requisitos normativos de conservación y almacenaje de facturas.

→ Conocer la funcionalidad del formato PDF417.

→ Saber cuáles son las herramientas avanzadas y homologadas por la Agencia Tributaria para la digitalización de facturas en papel y la lectura de códigos de barra con formato PDF417.

→ Identificar la solución para verificar la validación de una factura expedida con formato PDF417 y recibida telemáticamente.

1. Introducción

Aunque desde hace varios años viene siendo posible facturar electrónicamente, es cierto que el proceso de implementación de un sistema de facturación telemática en una empresa podría resultar, en apariencia, algo traumática. Sin embargo, esto no es así; de hecho, es el origen de soluciones a problemas actuales sufridos (como pueden ser el almacenamiento y conservación de facturas), sobre todo, por pequeños y medianos negocios. Por ejemplo, por exigencias normativas, se hace imprescindible contar con un sistema de almacenaje de facturas expedidas y recibidas que, además, sea de fácil acceso a requerimientos de la inspección tributaria.

Por estas y otras cuestiones, en esta unidad conocerás una herramienta que ofrece cierta versatilidad a procesos y gestiones propias de la facturación electrónica.

Para el desarrollo de esta última unidad, nos seguiremos basando en la experiencia que Beltrán está teniendo durante la implantación de un sistema de facturación digital, mucho más acorde a los nuevos tiempos y coherente a la actividad que él desarrolla como formador en competencias digitales en su escuela de adultos.

2. PDF417

👉 HILO CONDUCTOR

Beltrán está muy satisfecho con las indicaciones y consejos que Gustavo (el contable de la empresa de al lado) le ha ido dando a lo largo de su *masterclass.* Sin embargo, cuando parecía que ya tenía toda la información, a Beltrán se le ocurrió preguntar una interesante cuestión: ¿cómo es el método que debe manejar para archivar las facturas tanto de papel como de formato electrónico?

La **conservación** de las facturas es actualmente un gran inconveniente para muchos profesionales autónomos, también para pequeñas y medianas empresas. Es la fuente de origen de los principales dolores de cabeza relacionados con el área administrativa si la gestión en cuanto a organización y auditoría no es la adecuada.

Para ponerte en antecedentes, presta atención a estos escenarios; seguro que echándoles un vistazo puedes ir poco a poco apreciando algunas dificultades administrativas habituales. Por ejemplo, es fuente de problemas que, en ocasiones, las facturas son emitidas desde diferentes dispositivos y conservadas en lugares distintos:

La problemática aumenta cuando intervienen otras casuísticas; presta atención a ellas:

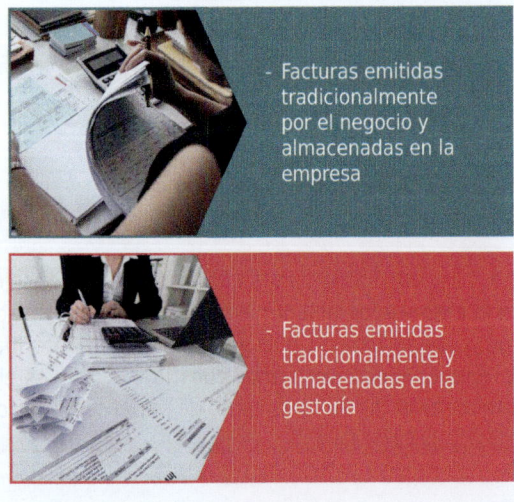

Continúa en página siguiente >>

<< Viene de página anterior

Por todo ello, cobra sentido una conservación y un almacenamiento digital de todas las facturas recibidas, independientemente de si estas son en formato papel o electrónico.

IMPORTANTE

Los sistemas de almacenamiento digital son la solución a todos los problemas que pueden generar los diferentes escenarios mostrados ante la necesidad de poder recuperar facturas de cara a una inspección tributaria.

¿Puedes llegar a imaginarte ahora cuánto puede llegar a complicarse la situación organizativa si además entran en juego rectificaciones de facturas, anulaciones, modificaciones de borradores, etc.?

No obstante, la mejor manera de dar solución a todo este entramado administrativo que puede perjudicar notablemente a la pyme o al profesional es poner en marcha un **plan para digitalizar** todos los documentos existentes en papel y mantener la línea de conservación y almacenaje electrónico.

Sin embargo, puede darse el caso también que, por deseo o simplemente por exigencias de un gestor o asesor, las facturas digitales deban ser transformadas a papel para su almacenaje.

Una vez hayas tomado la decisión de poner en marcha un plan de digitalización, deberás al menos saber cómo proceder frente a dos planteamientos opuestos.

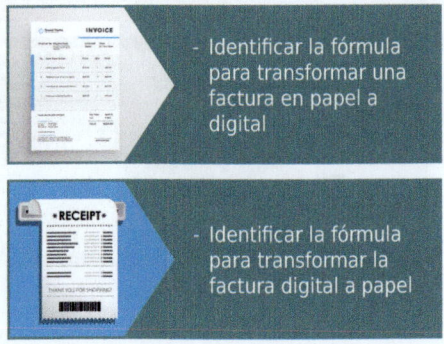

- Identificar la fórmula para transformar una factura en papel a digital

- Identificar la fórmula para transformar la factura digital a papel

RECUERDA

No olvides que, dentro del marco de las obligaciones del emisor y del receptor de la factura electrónica, está la de conservar la copia o matriz para el primero y guardar la información relativa a la verificación de la validez de la firma electrónica para el segundo.

Para el primer planteamiento, donde tu intención es convertir las facturas en papel a facturas digitales, el proceso es bien sencillo. Únicamente tendrás que hacerte con un escáner homologado por la Agencia Tributaria para poder digitalizar el documento, y culminar con el guardado del archivo en el sistema de almacenaje elegido.

1. Factura emitida en papel

Continúa en página siguiente >>

<< Viene de página anterior

2. Envío de factura por correo ordinario

3. El receptor digitaliza la factura con un escáner homologado

4. Se almacena la factura digitalizada en un *pendrive*, disco duro, nube, etc.

 PARA SABER MÁS

Si quieres disponer de un listado de *softwares* homologados por la Agencia Tributaria, puedes dirigirte a la página oficial de AEAT o simplemente acceder al siguiente enlace:

https://redirectoronline.com/adgg022po0501

 NOTA

Es posible solicitar a la Administración Tributaria la homologación de un *software*, es decir, puedes adquirir uno que ya está homologado o seguir las pautas establecidas en la Orden EHA/962/2007 para realizar los trámites y solicitar que homologuen alguno que vengas utilizando.

Para el segundo planteamiento, donde ahora la intención es en sentido contrario, es decir, pasar de una factura electrónica a un documento en papel, se requiere de la intervención de un nuevo formato denominado **PDF417**.

Antes de conocer un poco más sobre este elemento, presta atención a la imagen que viene a continuación, ya que te mostrará en líneas generales cómo es este proceso. Luego avanza a la siguiente página para conocer los detalles de este nuevo formato que entra a formar parte del escenario de conservación y almacenaje de facturas digitales.

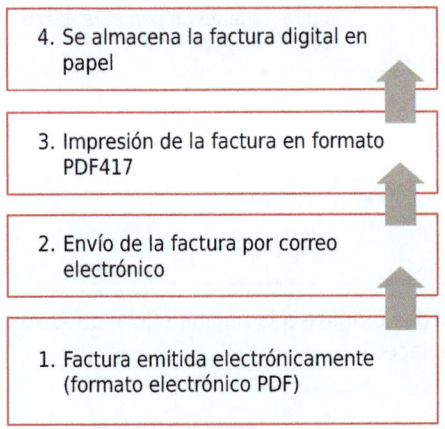

La factura digital es un fichero electrónico que, aunque puede conservarse en diferentes tipos de dispositivos (disco duro, memoria USB, etc.), también puede almacenarse en papel. Como ya has visto en la página anterior, para poder llevar a cabo este proceso de conversión es necesario hacer uso del **formato PDF417**. Por ello es importante que conozcas qué es y en qué consiste exactamente este nuevo formato que ahora cobra protagonismo.

- El formato PDF417 es un código en 2D que contiene información codificada (incapaz de ser leída a simple vista por el ojo humano) a través de barras apiladas. Este código de barras es capaz de contener información con un peso algo superior a 1 giga, por lo que la longitud del código de barras puede ser variable en función del tamaño del archivo que contenga, aunque el diseño finalmente es muy compacto. Tiene numerosas aplicaciones, dirigidas sobre todo a la identificación de objetos y documentos para su gestión. La facturación electrónica hace uso de esta herramienta para almacenar la información de la factura.

3. Introducción

☞ **HILO CONDUCTOR**

De nuevo, y tras la explicación de Gustavo, Beltrán entiende que todos aquellos problemas que parecen que son impedimentos para utilizar la factura digital van poco a poco disipándose. No obstante, es cierto que, para llevar una administración más digital de las facturas, en cuanto a la forma de almacenaje y conservación, será necesario hacerse con algún instrumentaje homologado que facilite la tarea.

Una factura impresa en papel con código de barras o nube de puntos puede cambiar fácilmente a su formato original (formato electrónico), haciendo uso de un instrumento capaz de descodificar el código de barras que aparece en el PDF para transformarlo de nuevo en un archivo electrónico.

Un lector de código de barras permite hacer legible el contenido
codificado de una factura.

 CONSEJO

Si vas a almacenar tus facturas digitales en papel, no tendrás más remedio
que hacerte con dos herramientas: el *software* homologado por la Agencia
Tributaria y un nuevo instrumento llamado escáner con tecnología OCR. Este
último aparato te permitirá no solo acceder a la lectura del código de barras,
sino también generarlo.

 ACTIVIDAD COMPLEMENTARIA

5. Siguiendo este último consejo, indaga en internet qué funcionalidades hacen
   especial a un escáner OCR y por qué no valdría cualquier otra tipología de
   escáner.

Es evidente que no es imperativo legal disponer de una copia en papel de
la factura electrónica. También es lógico suponer que una factura digital es
igualmente imprimible aunque el formato no sea el de PDF417. No obstante,
en este último caso, sí sería imprescindible conservar el archivo de la factura
electrónica.

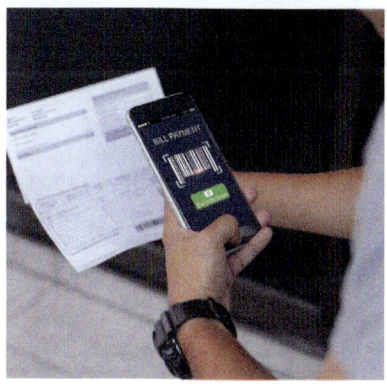

¿Qué contiene una factura en formato pdf?

El formato PDF417 de una factura presenta dos tipos de contenidos:
- Un contenido totalmente legible por el usuario donde la información proporcionada es la relacionada a los datos de la factura en el propio PDF.
- Un contenido codificado a través del código de barras y en cuyo interior está encriptado el verdadero "contenido fiable de la factura". Con la visualización de la nube de puntos, se permite verificar la validación de la firma electrónica siempre y cuando el documento se haya firmado con un certificado electrónico de firma reconocida.

IMPORTANTE

La única manera de poder comprobar el contenido de la factura que aparece en el PDF, y que además la firma es válida legalmente, es pudiendo acceder al contenido de la nube del código de barras para comprobar que coincide de forma literal con lo expuesto en el PDF. Esto permitirá verificar la validación de la firma, asegurando la autenticidad de origen y la integridad del documento. Estos últimos aspectos son exigidos en cualquier inspección.

📢 RECUERDA

Una factura telemática es un archivo digital que puede ser tanto un formato estructurado (como por ejemplo un formato XML) como un simple archivo electrónico en forma de PDF, GIF, JPG, etc.

El formato PDF *(Portable File Document)* es uno de los tipos de archivos digitales más utilizados para el intercambio de documentos entre distintos sistemas de comunicación, admitiendo algunas acciones que lo pueden convertir en un archivo más seguro (contraseñas, etc.).

---

4. Legislación

👉 HILO CONDUCTOR

La curiosidad de Beltrán le lleva a participar en el escaneo de facturas. Gustavo, desde hace tiempo, tiene a su disposición en su entorno de trabajo herramientas avanzadas que le ayudan con la tarea diaria para la digitalización de documentación, no solo de facturas. Sin embargo, es importante que Beltrán esté al tanto de las exigencias normativas relacionadas con los sistemas de conservación y almacenaje de facturas; de este modo, ante cualquier duda, sabrá dónde debe recurrir.

Llegado este momento, es necesario que conozcas el marco legislativo que hace mención a la facturación electrónica en relación al almacenaje y conservación de las facturas. A continuación tendrás una relación de normativas que deberás tener siempre muy presente:

Real Decreto 1619/2012, de 30 de noviembre, por el que se aprueba el Reglamento por el que se regulan las obligaciones de facturación. (Capítulo IV)

Resolución de 24 de octubre de 2007, de la Agencia Estatal de Administración Tributaria, sobre procedimiento para la homologación de software de digitalización contemplado en la Orden EHA/962/2007, de 10 de abril de 2007

Directiva 2006/112/CE del Consejo, de 28 de noviembre de 2006, relativa al sistema común del impuesto sobre el valor añadido (Título XI Sección 3 y 4, obligaciones de los sujetos pasivos y de determinadas personas que no son sujeto pasivo).

 RECUERDA

La ley no especifica qué medios de almacenaje se han de utilizar para conservar tus facturas, pero sí las condiciones de conservación.

A modo informativo, y en relación a consultas realizadas a la Administración Tributaria donde se plantea en qué situación se utiliza la **nube de puntos PDF417,** la respuesta de la AEAT es bien clara:

El uso de nube de puntos PDF-417 se trata en el artículo 8 de la Orden EHA/962/2007. Se usa en el siguiente contexto: cuando el destinatario ha recibido una factura en formato electrónico y, aunque lo aconsejable es la conservación en el mismo formato electrónico de remisión, la Orden permite que la pueda conservar en formato papel, mediante la correspondiente opción de software que permita la impresión a papel, junto a los contenidos del documento, de dos conjuntos de códigos PDF-417, considerados como sendas marcas gráficas de autenticación, en el primero de los cuales se incluirá el contenido íntegro de los datos de la factura y en el segundo la firma electrónica del fichero anterior. En el supuesto de estar la firma embebida en el fichero que contiene la factura o que los datos de la factura estén contenidos en el formato de firma, bastará con un solo conjunto de marca gráfica que lo incluiría todo.

(Agencia Tributaria, 2019)

 IMPORTANTE

Desde 2024, todas las facturas electrónicas deben incluir un código QR, facilitando la validación automática y garantizando la interoperabilidad entre distintos sistemas de gestión. Este requisito complementa el uso del formato PDF417, que asegura el almacenamiento seguro de datos extensos.

APLICACIÓN PRÁCTICA

La empresa de aluminios AluPlus está en pleno proceso de transformación digital y es ahora justo cuando tienen que solucionar una falta de organización en cuanto al almacenaje de sus facturas. Finalmente han llegado a la conclusión de que la mejor fórmula es unificar el archivo y tratar de elegir un modelo que permita localizar información en tiempo real. ¿Qué sistema de almacenaje les permitirá unificar facturas recibidas en papel con otras que comienzan a recibirse electrónicamente?

Solución

Un archivo digital, para lo cual tendrá que digitalizar o escanear las facturas recibidas en papel. Solo el sistema de archivo digital les permitiría localizar y acceder a información en tiempo real.

---

5. Factura electrónica y formato *Facturae*

HILO CONDUCTOR

Con todo lo visto, Beltrán ya casi no duda de que *Facturae* será el programa que liderará la facturación electrónica de su negocio. Es el momento de hacer balance y recordar conceptos para no equivocarse.

¿Recuerdas que una factura telemática podría ser un archivo digital en formato PDF, GIF, JPG, etc., o bien adoptar un formato estructurado?

Facturae utiliza el **formato estructurado XML** y, recordando un poco los conocimientos adquiridos a lo largo y ancho del recorrido formativo, podrás llegar a la conclusión de que la **factura electrónica** con **formato Facturae** facilita enormemente las garantías exigidas de **autenticidad** e **integridad** para que tenga validez legal, y además es eficaz a la hora de garantizar estas características en la conservación de las mismas, independientemente del sistema electrónico de almacenaje elegido.

Aunque podrías decidirte por emplear formatos diferentes de facturas en tus sistemas de facturación, en tu decisión influirá utilizar la mejor fórmula que simplifique el trabajo administrativo y contable para que favorezca una actividad comercial fluida.

Formato no estructurado	**Formato estructurado**
Por ejemplo, crear una factura en un archivo electrónico PDF y firmarlo posteriormente con firma electrónica, dando lugar a un formato de firma PAdES	Generar una factura con formato *Facturae* XML

RECUERDA

Los formatos estructurados son aquellos formatos de factura que pueden enviarse automáticamente con soluciones informáticas homologadas de facturación electrónica, dotando de validez legal al documento.

- -

IMPORTANTE

A día de hoy, muchas empresas envían sus facturas en formatos electrónicos desconociendo que no cuentan con la validez legal recogida en el Reglamento:

- La factura digital debe estar firmada electrónicamente.
- La firma estará soportada en un certificado electrónico reconocido expedida por una autoridad de certificación.
- El formato pactado debe permitir que la factura digital pueda recibirse, leerse y verificarse su validez.

- -

6. Gestión básica de la facturación electrónica

☞ HILO CONDUCTOR

Tras el repaso que Beltrán ha hecho tras su investigación, llega a la conclusión de que facturar de forma electrónica mejorará indiscutiblemente su actividad comercial. Además, parece que los miedos se han disipado ya; solo falta tomar la decisión de comenzar con *Facturae* o buscar un *software* comercial que le permita facturar a clientes y a la Administración.

Evidentemente los costes y el esfuerzo de implementación de un sistema de facturación electrónica influirán en la elección de la fórmula más apropiada. Pero en cuanto a la gestión básica de facturación electrónica, puedes tener una cierta orientación con la comparativa mostrada a continuación, que te animará sin duda a buscar las fórmulas homologadas:

Concepto	Coste	
	Gratuito	**De pago**
Certificado de firma electrónica reconocida (requisito imprescindible para la gestión básica)	X	
Software de emisión y visualización de facturas electrónicas	*Facturae*	X
Software de envío y recepción de facturas electrónicas	*Facturae*	X
Software de emisión y conversión a PDF417 y de lectura		X
Red de comunicación electrónica		Acceso a internet

NOTA

Independientemente del esfuerzo que realizar, este se verá recompensado por los innumerables beneficios que proporciona la utilización de la factura electrónica: disminución de costes en la emisión de facturas en papel (papel, tintas, suministros, sobres), en el envío (costes de correo o mensajería, franqueos, etc.), disminución o desaparición de espacios de almacenamiento físicos, agilización de tareas administrativas (localización de información y datos, procesos de cobro más rápidos y eficientes), etc., y todos aquellos beneficios que reporta la responsabilidad social corporativa asumida por el negocio al evitar métodos tradicionales de facturación en papel que lleva implícitos talas de árboles y otras cuestiones muy relevantes que están a la orden del día.

IMPORTANTE

En definitiva, el negocio se verá beneficiado porque la facturación electrónica favorece la toma rápida de decisiones y otras gestiones relacionadas con la auditoría que permitirían poner en alerta la detección de problemas para una rápida solución.

TAREA 5

El restaurante El Paso maneja la facturación electrónica con normalidad. Expide y recibe facturas digitales sin dificultad a través del correo electrónico acordando previamente el formato, sin haber tenido nunca problemas para verificar la firma de las facturas electrónicas recibidas.

Sin embargo, es la primera vez que el contable de este negocio recibe un tipo de formato diferente. Se trata de una factura expedida con formato PDF417, y para no tener problemas con el emisor quiere aceptarla pero le surge una gran duda. Necesita saber si podrá verificar o no la validación de la firma de la factura electrónica, la identidad del emisor, así como la comprobación de que el certificado usado no perdió la vigencia por una revocación. ¿Podrás ayudar al contable dándole una solución?

Continúa en página siguiente >>

<< Viene de página anterior

Con estos datos, ayuda al contable de este negocio, identificando la solución, si existiera, para verificar la validación de una factura con este formato.

7. Resumen

Son muchos los escenarios que pueden presentarse en el día a día a la hora de gestionar las facturas. Esto dificulta la conservación y el almacenaje de las facturas de manera unificada.

Los sistemas de almacenamiento digital son la solución a todos los problemas que pueden generar los diferentes escenarios mostrados ante la necesidad de poder recuperar facturas de cara a una solicitud de Hacienda.

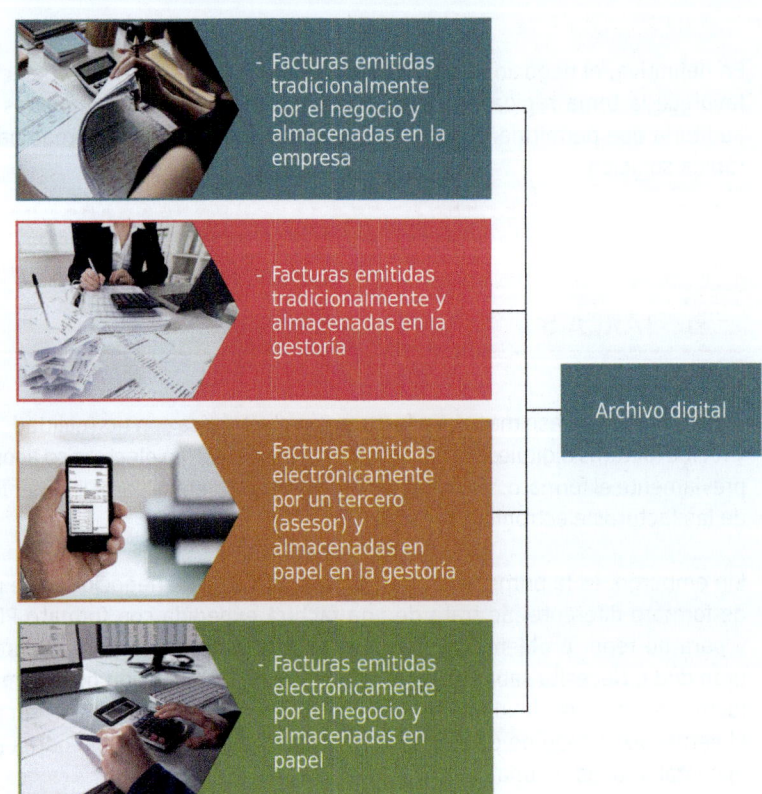

- Facturas emitidas tradicionalmente por el negocio y almacenadas en la empresa

- Facturas emitidas tradicionalmente y almacenadas en la gestoría

- Facturas emitidas electrónicamente por un tercero (asesor) y almacenadas en papel en la gestoría

- Facturas emitidas electrónicamente por el negocio y almacenadas en papel

Archivo digital

Sin embargo, es importante conocer cómo se ha de proceder tanto si la decisión es digitalizar las facturas en papel como si se desea imprimir las facturas electrónicas para su conservación en papel.

De papel a digital

1. Factura emitida en papel

2. Envío de factura por correo ordinario

3. El receptor digitaliza la factura con un escáner homologado

4. Se almacena la factura digitalizada en un *pendrive*, disco duro, nube, etc.

De digital a papel

4. Se almacena la factura digital en papel

3. Impresión de la factura en formato PDF417

2. Envío de la factura por correo electrónico

1. Factura emitida electrónicamente (formato electrónico PDF)

Es en el proceso de conversión de digital a papel cuando es necesario utilizar un formato que sea capaz de incrustar la firma electrónica que contiene la factura digital que se desea pasar a papel. Este formato recibe el nombre de PDF417.

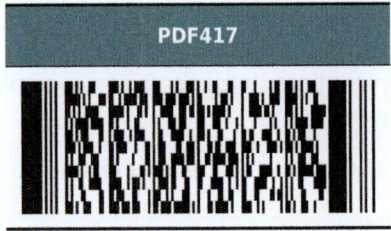

También es importante, tal y como indica la normativa, que sea el receptor de la factura el que tenga a disposición herramientas para facilitar la lectura y den acceso a la comprobación de la validez legal del documento.

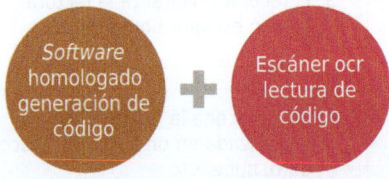

Es muy importante que, a la hora de gestionar la facturación electrónica (generación, emisión, envío, recepción, conservación y almacenaje), pueda demostrarse ante una inspección que las facturas cumplen con todos los requisitos legales para autentificar el origen, demostrar la integridad del documento y la legibilidad, todo ello en tiempo real a ser posible.

Ejercicios de autoevaluación
Unidad de Aprendizaje 5

1. Indica si las siguientes afirmaciones son verdaderas o falsas:

a. La conservación de las facturas es actualmente un gran inconveniente para muchos profesionales autónomos; también para pequeñas y medianas empresas.

- ■ Verdadero
- ■ Falso

b. El problema principal de la conservación y almacenaje de las facturas es principalmente la existencia de escenarios variados que se dan que dificultan su audición.

- ■ Verdadero
- ■ Falso

c. Los sistemas de almacenamiento digital son la solución a todos los problemas que pueden generar los diferentes escenarios que pueden presentarse ante la necesidad de poder recuperar facturas de cara a una solicitud de Hacienda.

- ■ Verdadero
- ■ Falso

2. Un negocio debe conocer los requisitos para...

a. ... identificar la fórmula para convertir una factura en papel a digital.
b. ... identificar la fórmula para transformar la factura digital a papel.
c. ... identificar tanto la fórmula para convertir una factura en papel a digital como para transformar la factura digital a papel.
d. Todas las opciones son incorrectas.

3. En el marco de las obligaciones de conservación de las facturas electrónicas...

    a. ... el emisor es el responsable de conservar la copia o matriz.

    b. ... el emisor es el responsable de conservar la información relativa a la verificación de la firma electrónica.

    c. ... el receptor es el responsable de conservar la copia o matriz.

    d. ... el receptor tiene todas las responsabilidades en cuanto a la conservación de las facturas.

4. Para digitalizar una factura en papel, solo es necesario...

    a. ... contar con un escáner homologado.

    b. ... contar con un escáner.

    c. No se puede digitalizar una factura en papel conservando todas sus propiedades.

    d. ... descargarse una aplicación o programa informático.

5. Para saber si un *software* para digitalizar facturas en papel está homologado, hay que acudir a la información proporcionada por...

    a. ... el Ministerio de Comercio e Industria.

    b. ... cualquier organismo oficial.

    c. ... la Agencia Tributaria.

    d. ... el Ministerio de Economía y Empresas.

6. ¿Qué normativas regulan los sistemas informáticos de facturación electrónica en España?

    a. Ley 6/2020 y Ley 18/2022, el Real Decreto 1007/2023, el Reglamento eIDAS y la Orden HAC/1177/2024.

    b. El Real Decreto 1007/2023 y Orden HAC/1177/2024.

    c. Reglamento eIDAS.

    d. Reglamento eIDAS y el Real Decreto 1007/2023.

7. La ley permite almacenar las facturas digitales en...

    a. ... un disco duro.

    b. ... un *pendrive*.

    c. ... la nube.

    d. Todas las opciones son correctas.

8. El formato PDF417 es necesario para...

    a. ... convertir una factura de papel a digital.
    b. ... convertir una factura de digital a papel.
    c. ... convertir tanto una factura de papel a digital como de digital a papel.
    d. El formato PDF417 no tiene esta funcionalidad.

9. El código de barras o nube de puntos contiene información incrustada sobre la factura y permite comprobar que...

    a. ... la factura está firmada electrónicamente con un certificado electrónico reconocido.
    b. ... es válida legalmente.
    c. ... coincide la información proporcionada en el PDF con la información proporcionada en el PDF417.
    d. .... el código incorporado está creado bajo una norma internacional.

10. Para la gestión básica de la facturación electrónica es imprescindible...

    a. ... un certificado de firma electrónica reconocida.
    b. ... un *software* de emisión y visualización de facturas electrónicas.
    c. ... un *software* de emisión y conversión a PDF417 y de lectura.
    d. ... tener descargado el programa *Facturae*.

Glosario

Add-in
Complemento de *software* informático que posibilita la administración de facturas en formato XML, cumpliendo con los requisitos normativos.

Autenticación en origen
Es la maniobra informática de seguridad mediante la cual es posible asegurar en el envío telemático de información o documentos que la persona, ya sea física o jurídica que firma el documento (factura electrónica), es quien dice ser.

Autofactura
Es una factura en formato electrónico que es emitida por el destinatario de la misma o por un tercero.

Autoridad de certificación
Entidad de confianza o tercera parte confiable, además del emisor y receptor, que consigue que estos sujetos se confíen entre sí.

Base imponible
Corresponde al precio de los productos o los servicios prestados más la suma de los impuestos correspondientes.

Caducidad del certificado electrónico
Finalización del periodo de validez del certificado.

Certificado de persona física
Identifica a una persona física. Dirigido a la ciudadanía y orientado a facilitar trámites personales aunque también pueden ser trámites profesionales.

Certificado de persona jurídica
Identifica a una persona jurídica. Dirigido para todo tipo de organizaciones y administraciones. Facilita la identidad jurídica para la realización de infinidad de trámites telemáticos.

Certificado electrónico
Documento digital firmado por una entidad de certificación o mediante DNI electrónico, que valida la identidad del titular mediante claves de seguridad y garantiza la autenticidad de la firma electrónica en documentos.

Certificado electrónico reconocido
Es un archivo informático creado y firmado electrónicamente por una entidad certificadora o prestador de servicios de certificación, y que permite a su titular o depositario validar su identificación inequívoca a través de claves de seguridad.

Certificado de entidad sin personalidad jurídica
Este tipo de certificado relaciona al firmante con unos datos de verificación de firma permitiendo su identidad y puede ser usado en transferencias telemáticas de datos para el ámbito tributario.

Cl@ve
Es una plataforma de verificación telemática que identifica y autentifica a los usuarios.

Confidencialidad
Persigue evitar la circulación de información no autorizada como puede ser el caso de los datos de una factura electrónica.

Datos
Elemento que contiene una información y permite acceder al conocimiento de un hecho.

Digitalización certificada de facturas
Procedimiento que dota de validez legal a facturas de papel digitalizadas ante la autoridad tributaria para ser emitidas telemáticamente.

Dir3
Directorio común que centraliza información sobre unidades orgánicas, organismos públicos, oficinas contables y órganos gestores, facilitando la generación de facturas electrónicas para entes públicos. Su codificación previene errores y mejora la interoperabilidad entre distintos agentes.

Disponibilidad
Persigue que la accesibilidad a la información por parte de elementos autorizados sea fluida y sin obstáculos. Garantiza que será el receptor de la factura el que podrá disponer de ella.

DOC

Archivo electrónico que ha ido evolucionando desde su nacimiento hace ya más de cuarenta años cuando únicamente se trataba de un documento de texto plano.

Entidad de certificación

Puede ser una persona física o jurídica establecida en España (inscrita en el Registro Mercantil) o con un establecimiento permanente en el país, habilitada para expedir certificados electrónicos y prestar servicios de confianza. Actualmente, sus obligaciones y responsabilidades están reguladas por la Ley 6/2020, de 11 de noviembre, que sustituye a la derogada Ley 59/2003, y por el Reglamento (UE) 910/2014, conocido como eIDAS. Esta normativa garantiza la validez legal, interoperabilidad y seguridad de los servicios electrónicos de certificación en toda la Unión Europea.

Extensiones *Facturae*

Son partes de XML que sirven para ampliar el propio formato Facturae, tratando así de introducir más información de la estrictamente estipulada.

FACe

Punto general de entrada de facturas electrónicas de la Administración General del Estado, que permite que las empresas facturen a la Administración a través de ella. Es la plataforma *online* habilitada para el envío de facturas dirigidas a cualquier organismo de la Administración General del Estado. Una factura generada con *Facturae* es presentada a través de FACe.

Factura electrónica

Es un documento de carácter tributario que ha sido generado por medios telemáticos en un formato electrónico. Se trata del equivalente a la factura en papel, pero expedida y recibida en un formato electrónico con unos añadidos de seguridad que aportan garantías al documento.

Facturae

Programa informático de facturación electrónica facilitado por la Administración que permite su uso por usuarios, empresas y profesionales autónomos.

Factura electrónica con formato estructurado

Son aquellas que pueden enviarse automáticamente con soluciones informáticas de facturación electrónica.

Factura electrónica con formato no estructurado

Son aquellas presentadas en forma de imagen (escaneo de facturas físicas) y cuyo procesamiento tendrá que realizarse de forma manual, ya que son formatos complicados para ser leídos informáticamente. También es posible disponer de una solución compleja de facturación de firma que admita este tipo de formato y lo procese de modo automático.

Firma electrónica
Es el conjunto de datos en forma electrónica, consignados junto a otros o asociados con ellos, que pueden ser utilizados como medio de identificación del firmante.

Firma electrónica avanzada
Es la firma electrónica que permite identificar al firmante y detectar cualquier cambio ulterior de los datos firmados, que está vinculada al firmante de manera única y a los datos a que se refiere y que ha sido creada por medios que el firmante puede mantener bajo su exclusivo control.

Firma electrónica reconocida
Es similar a la firma avanzada, pero con la diferencia de que está soportada por un certificado electrónico reconocido. Además, ha sido generada con total seguridad por un dispositivo de creación de firma. De cara a la ley, tiene eficacia jurídica y además tiene la misma validez que la firma manuscrita con la diferencia de que no puede ser falsificada.

Firma electrónica simple o básica
La firma electrónica que identifica al usuario firmante y este queda reflejado en el documento.

Formato electrónico de factura
Hace referencia al archivo electrónico o documento electrónico que sirve de contendor de la factura.

FNMT-RCM
Iniciales correspondientes a la Fábrica Nacional de Moneda y Timbre - Real Casa de la Moneda.

Formato avanzado de firma electrónica
Es el formato de firma que contiene información sobre el documento pero además incorpora nuevos elementos tecnológicos que hacen que estos mecanismos utilicen un lenguaje programático más complejo, permitiendo el intercambio de información entre sistemas informáticos automatizados.

Formato como estructura del fichero
Hace referencia al archivo contenedor del documento que soporta electrónicamente el contenido de la factura. Este formato puede ser diverso: JPG, PDF, GIF, XLS, XML, HTML, DOC, TXT, etc.

Formato como estructura de la firma

Hace referencia a la estructura del fichero de la firma (con el que se firmó la factura), es decir, donde queda guardado el documento original que permitió generar la firma de la factura y que contiene información tan importante como la longevidad de la misma y el sello en el tiempo. Este formato puede ser diverso: PKCS7, PAdES, XadES, entre otros.

Formato de firma electrónica

Es la manera en la que se da forma al documento de firma, cómo se estructura y organiza la información que contiene y cómo se guarda.

Formato EDI

Más que un formato, es un sistema de facturación en el que se realizan un intercambio electrónico de datos entre organizaciones. Facilita enormemente el intercambio de datos comerciales a nivel internacional, evitando grandes trámites burocráticos que ralentizarían las operaciones.

Formato estructurado

Son aquellos formatos que pueden enviarse automáticamente con soluciones informáticas de facturación electrónica.

Formato no estructurado

Son aquellos formatos presentados en forma de imagen (escaneo de facturas físicas) y cuyo procesamiento tendrá que realizarse de forma manual, ya que son formatos complicados para ser leídos informáticamente. También es posible disponer de una solución compleja de facturación de firma que admita este tipo de formato y lo procese de modo automático.

Formato *Facturae*

Formato electrónico de la Agencia Tributaria con firma electrónica y validación jurídica.

Gastos incluidos

Son los gastos que forman parte de la base imponible y se suman al importe del producto o servicio.

Gastos suplidos

Son los gastos que asume el cliente pero que los anticipa el negocio, como por ejemplo el servicio de mensajería o transporte de mercancía.

GIF

Formato de imagen digital que carga progresivamente mostrando líneas gráficas hasta definir la imagen completa. Soporta animaciones y es ideal para gráficos simples con pocos colores.

HTML
Lenguaje de marcado utilizado para estructurar y presentar contenido en la web. Es fácilmente editable y comprensible, tanto por dispositivos como por personas, empleando etiquetas como <p> para organizar la información.

Integridad del documento
Persigue evitar que la información que contiene el documento electrónico sea modificada, cambiada o perturbada sin autorización. Garantiza que, una vez creada la factura y esta es emitida, no podrá ser manipulada.

IVA
Impuesto que corresponde al 21 % según el Art.90. Uno. de la Ley 37/1992, de 28 de diciembre, del Impuesto sobre Valor Añadido.

JPEG
Formato de imagen rasterizada de alta calidad y no editable. Aunque sus archivos pueden ser pesados, incorpora un algoritmo de compresión. Permite visualizar progresivamente la nitidez de la imagen mientras se carga.

No repudio
Garantía que impide que, una vez firmado electrónicamente un documento, este no pueda ser repudiado por el firmante, imposibilitando la opción de no reconocerlo posteriormente.

Obtención del certificado electrónico
Proceso en el que se solicita el certificado electrónico a un prestador de servicios de certificación.

Organismo de supervisión
Es un órgano que tiene la función de verificar que los prestadores de servicios de confianza cualificados cumplen con lo establecido en la normativa; es la Secretaría de Estado para el Avance Digital.

PDF
El PDF *(Portable Document Format)* es un formato digital que permite visualizar e imprimir documentos en casi cualquier dispositivo. Admite gráficos, vídeos y audios, ofreciendo versatilidad y seguridad con un tamaño de archivo reducido.

PDF417
Código de barras 2D compuesto por barras apiladas, capaz de almacenar grandes volúmenes de datos. Se utiliza en identificación de objetos y documentos, incluida la facturación electrónica, para gestionar y almacenar información de forma compacta.

Recargo de equivalencia
Es un recargo que se aplica dependiendo del IVA para la tributación por módulos.

Renovación de un certificado electrónico
Posibilidad de mantener válido el certificado siempre y cuando la renovación se realice antes de su caducidad.

Revocación de un certificado electrónico
Anula la validez del certificado durante su periodo de vigencia si se sospecha de pérdida, robo o manipulación por terceras personas.

Sellado de tiempo
Es una técnica probatoria para poder demostrar que un dato electrónico coexistió en un momento determinado durante el proceso de emisión, transmisión y recepción del mismo, y que jamás este fue modificado, garantizando la integridad y la exactitud de la información.

Sistema centralizado ERP
Un ERP *(Enterprise Resource Planning)* es un sistema de gestión empresarial que integra diversas operaciones, como inventarios y logística, en una única plataforma centralizada, permitiendo una administración más eficiente de los recursos.

Sujeto pasivo
Es la empresa, negocio o profesional autónomo que vende el producto o presta el servicio.

Suspensión del certificado electrónico
Permite dejar sin efecto la validez del certificado durante un plazo determinado de tiempo.

Validez de un certificado electrónico
Es el intervalo de tiempo en el que el certificado tiene validez y, por tanto, da acceso a numerosos trámites.

Validez jurídica
Alude a que un procedimiento se ajusta a derecho, alineando la práctica del proceso con la teoría de la norma.

XLS
Formato electrónico de hojas de cálculo que requiere un programa específico para su visualización, como Excel. Puede contener datos numéricos, gráficos e imágenes, pero su tamaño es mayor y presenta menor seguridad que otros formatos más recientes.

XML

Formato de archivo basado en etiquetas *(Extensible Markup Language)* utilizado para estructurar datos en páginas web, hojas de cálculo y facturas electrónicas, permitiendo su organización e intercambio entre sistemas.

Bibliografía

Legislación

→ Reglamento (UE) nº 910/2014 del Parlamento Europeo y del Consejo, de 23 de julio de 2014, relativo a la identificación electrónica y los servicios de confianza para las transacciones electrónicas en el mercado interior y por el que se deroga la Directiva 1999/93/CE. Obtenido de: <https://www.boe.es/buscar/doc.php?id=DOUE-L-2014-81822>.

> Normativa europea relativa a la identificación electrónica y los servicios de confianza para las transacciones electrónicas en el mercado interior y por la que se deroga la Directiva 1999/93/CE.

→ Directiva 2014/55/UE del Parlamento Europeo y del Consejo, de 16 de abril de 2014, relativa a la facturación electrónica en la contratación pública. Obtenido de: < https://boe.es/buscar/doc.php?id=DOUE-L-2014-80922 >.

> Disposiciones europeas relativas a la facturación electrónica en la contratación pública.

→ Directiva 2010/45/UE del Consejo de 13 de julio de 2010, por la que se modifica la Directiva 2006/112/CE relativa al sistema común del impuesto sobre el valor añadido, en lo que respecta a las normas de facturación. Obtenido de: <https://eur-lex.europa.eu/legal-content/ES/ALL/?uri=CELEX%3A32010L0045>.

> Modificación de la Directiva Europea 2006/112/CE, relativa al sistema común del impuesto IVA en la facturación.

→ Ley 6/2020, de 11 de noviembre, reguladora de determinados aspectos de los servicios electrónicos de confianza. Obtenido de: <https://www.boe.es/buscar/act.php?id=BOE-A-2020-14046&p=20201112&tn=2>.

> Normativa que deroga a la Ley 59/2003 de Firma electrónica y que tiene por objeto regular aspectos relacionados con los servicios electrónicos de confianza, y sirve además de complemento al Reglamento (UE) n. º 910/2014 del Parlamento Europeo y del Consejo, de 23 de julio de 2014, relativo a la identificación electrónica y los servicios de confianza para las transacciones electrónicas en el mercado interior y por el que se deroga la Directiva 1999/93/CE.

→ Ley Orgánica 3/2018, de 5 de diciembre, de Protección de Datos Personales y garantía de los derechos digitales. Obtenido de: <https://www.boe.es/buscar/act.php?id=BOE-A-2018-16673>.

> Reglamento relativo a la protección de datos personales y los nuevos derechos digitales.

→ Ley 9/2017, de 8 de noviembre, de Contratos del Sector Público, por la que se transponen al ordenamiento jurídico español las Directivas del Parlamento Europeo y del Consejo 2014/23/UE y 2014/24/UE, de 26 de febrero de 2014. Obtenido de: <https://www.boe.es/buscar/act.php?id=BOE-A-2017-12902>.

> Transposición de las directivas europeas al ordenamiento jurídico español en relación a contratos con el sector público.

→ Ley 40/2015, de 1 de octubre, de Régimen Jurídico del Sector Público. Obtenido de: <https://www.boe.es/buscar/act.php?id=BOE-A-2015-10566>.

> Normativa que recoge todo lo relativo al funcionamiento electrónico del sector público.

→ Ley 39/2015, de 1 de octubre, del Procedimiento Administrativo Común de las Administraciones Públicas. Obtenido de: <https://www.boe.es/buscar/act.php?id=BOE-A-2015-10565>.

> Normativa de regulación de las relaciones del procedimiento administrativo común para las administraciones públicas.

→ Ley 25/2013, de 27 de diciembre, de impulso de la factura electrónica y creación del registro contable de facturas en el Sector Público. Obtenido de: <https://www.boe.es/buscar/act.php?id=BOE-A-2013-13722>.

> Normativa para impulsar la mejora y la competitividad de las empresas para reducir la morosidad de las administraciones públicas.

→ Ley 56/2007, de 28 de diciembre, de Medidas de Impulso de la Sociedad de la Información. Obtenido de: <https://www.boe.es/buscar/act.php?id=BOE-A-2007-22440>.

> Normativa para impulsar el desarrollo de la sociedad de la información y de convergencia con Europa y entre comunidades autónomas y ciudades autónomas, Plan Avanza, aprobado por el Gobierno en noviembre de 2005.

→ Ley 58/2003, de 17 de diciembre, General Tributaria. Obtenido de: < https://www.boe.es/buscar/act.php?id=BOE-A-2003-23186>.

> Disposiciones para asegurar la implantación de procedimientos tributarios.

→ Real Decreto-ley 19/2018, de 23 de noviembre, de servicios de pago y otras medidas urgentes en materia financiera. Obtenido de: <https://www.boe.es/buscar/act.php?id=BOE-A-2018-16036>.

> Normativa relativa a servicios de pago y otras medidas urgentes.

→ Real Decreto 1619/2012, de 30 de noviembre, por el que se aprueba el Reglamento por el que se regulan las obligaciones de facturación. Obtenido de: < https://www.boe.es/buscar/act.php?id=BOE-A-2012-14696 >.

> Consolidación de la normativa en relación a la regulación de las obligaciones de facturación.

→ Resolución de 24 de octubre de 2007, de la Agencia Estatal de Administración Tributaria, sobre procedimiento para la homologación de software de digitalización contemplado en la Orden EHA/962/2007, de 10 de abril de 2007. Obtenido de: < https://www.boe.es/buscar/doc.php?id=BOE-A-2007-18911>.

> Normativa de regulación para la homologación de *software* de digitalización.

Textos electrónicos, bases de datos

→ Agencia Tributaria. (s. f.). Facturas expedidas por el destinatario o por terceros, de: <https://sede.agenciatributaria.gob.es/Sede/iva/facturacion-registro/facturacion-iva/facturas-expedidas-destinatario-terceros.html>.

> Información sobre obligaciones de facturación generadas por terceros.

→ Agencia Tributaria. (s. f.). Listado de *softwares* homologados por la Agencia Tributaria, de: <https://sede.agenciatributaria.gob.es/Sede/todas-gestiones/beneficios-fiscales-autorizaciones/facturacion-libros-registros/homologacion-software-digitalizacion-certificado-facturas_/softwares-homologados-digitalizacion-certificada-facturas.html>.

> Listado de *softwares* homologados para la digitalización de facturas.

→ Agencia Tributaria. Sistemas informáticos de facturación VERIFACTU, de: <https://sede.agenciatributaria.gob.es/Sede/iva/sistemas-informaticos-facturacion-verifactu.html>.

> Página oficial de la Agencia Tributaria que detalla el funcionamiento y los requisitos del sistema VERIFACTU, una herramienta gratuita para la remisión inmediata de facturas electrónicas. Este sistema garantiza la trazabilidad, validez y seguridad de las facturas electrónicas conforme a la normativa española vigente.

→ Ballester, D. Nuevos libros de registro obligatorios para los autónomos, de: <https://empresas.blogthinkbig.com/libros-de-registro-obligatorios-para-autonomos/ >.

> Artículo sobre la regulación de libros fiscales obligatorios para autónomos según la Agencia Tributaria.

→ eAdministracioES. Factura electrónica, de:
<https://www.youtube.com/watch?v=89yK-bifpZs&feature=youtu.be>.

> Vídeo introductorio sobre la Ley de impulso de la factura electrónica y su implementación.

→ FACe. Empresas de servicios de facturación electrónica, de:
<https://face.gob.es/es/proveedores-servicios>.

> Directorio de proveedores homologados de servicios de facturación electrónica para contratos públicos.

→ Gobierno de España. VALIDAe, de:
<https://valide.redsara.es/valide/validarFirma/ejecutar.html>.

> Sitio oficial para validar firmas y certificados electrónicos en documentos digitales.

→ Hergón, I. Videotutorial Factura Electrónica, de:
<https://youtu.be/SWa7DdXGWOc>.

> Guía práctica sobre la generación y emisión de facturas electrónicas con *Facturae*.

→ Ministerio de Economía y Empresa. Prestadores de servicios electrónicos de confianza cualificados, de:
<https://sedeaplicaciones.minetur.gob.es/Prestadores/ >.

> Consulta sobre los proveedores homologados de servicios electrónicos de confianza.

→ Ministerio de Hacienda. Facturae, de:
<https://www.facturae.gob.es/Paginas/Index.aspx>.

> Sitio oficial sobre la facturación electrónica bajo el estándar *Facturae*.

→ PAE. Directorio Común de Unidades Orgánicas y Oficinas (DIR3), de:
<https://administracionelectronica.gob.es/ctt/dir3/descargas#.XfNG4ZNKiUl >.

> Herramienta para obtener datos administrativos y contables necesarios para facturar a Administraciones públicas.

→ Real Casa de la Moneda, de: <http://www.fnmt.es/>.

> Información sobre certificación y autenticación de comunicaciones electrónicas a través de redes abiertas.

→ Real Casa de la Moneda. Firma electrónica de larga duración, de: <http://www.cert.fnmt.es/documents/10446703/10508993/Firmas_longevas.pdf >.

> Explicación técnica sobre cómo implementar y validar firmas electrónicas de larga duración.